Meinen Eltern gewidmet:
Constant Georges MERITZA
(1929-2011)
Josiane MERITZA
(1936-)
und der Frau, die mein Leben mit mir teilt
meine Freundin Sophie

Besonder Widmung :

Yoann MERITZA

DER GEIST ÜBER DER LINIE

Herausgeber:
BoD-Books on Demand,
12/14 rond point des Champs Élysées
75008 Paris, France
Print: BoD-Books on Demand,
Norderstedt, Allemagne
Gesetzliche dépot Juni 2018
ISBN : 9782322119059
Titelbild:
Lizenz: cco 1.0 universal / (cco 1.0)
Grafikdesign: Yoann MERITZA
Der Geist über der Linie
Copyright 00066444-1- © Yoann MERITZA
April 2018 - Rechte vorbehalten

"Ich fühle, dass mein ganzes Leben von diesem Moment abhängt. Wenn ich es vermisse ...

- Ich denke das Gegenteil. Wenn wir diesen Moment verpassen, werden wir den nächsten versuchen, und wenn wir versagen, werden wir den nächsten Moment erneut beginnen. Wir haben unser ganzes Leben, um erfolgreich zu sein
(Boris Vian - "Der Schaum der Tage")

"Mut ist, zu handeln und sich großen Zwecken hinzugeben, ohne zu wissen, welche Belohnung das tiefe Universum für unsere Bemühungen reserviert oder ob es eine Belohnung dafür reserviert."
(Jean Jaurès)

EIN PAAR WÖRTER ÜBER DEN AUTOR

Yoann MERITZA ist ein Essayist, der sich auf Persönlichkeitsentwicklung spezialisiert hat, einschließlich NLP (Neuro Linguistic Programming), EFT (Emotionale Freiheitstherapie) und Verhaltens- und Kognitive Therapie. Dank seiner bewährten Methode hat er sich in über zwanzig Ländern bekannt gemacht und viele Anhänger seiner Philosophie, sich selbst zu übertreffen, zusammengebracht. Er ist der Autor von "Garantierter Erfolg" und "Wie programmiert man sein Unterbewusstsein neu?".

Er wurde am 28. März 1978 in Bonneville in Haute-Savoie geboren und wuchs in Cluses in derselben Abteilung auf. Er studierte Rechnungswesen und eine Ausbildung zum SME-SMI-Mitarbeiter, wo er NLP (Neurolinguistic Programming) lernte. Er hat an vielen Praktika und Seminaren zum Thema Kommunikation teilgenommen und ist leidenschaftlich im Bereich der persönlichen Entwicklung. Als Autodidakt in der Seele perfektioniert er sich weiterhin in der Kommunikation und Erforschung der menschlichen Natur, auf den Spuren vieler Autoren des gleichen Themas wie Napoleon Hill, Norman Vincent Peal, Florence Scovel Shinn oder Dr. Joseph Murphy.

Er kreiert seine eigene Methode, indem er seine zahlreichen Lesarten zu diesem Thema zusammenfasst und den Lesern durch einen vereinfachten Ansatz zur Assimilation auf allen Ebenen ein umfassendes Verständnis des Feldes des persönlichen Wachstums vermittelt. Dabei geht es ihm immer um die Genauigkeit des gewählten Themas und darum, Anfänger zu werden Leser mit klaren und erschwinglichen Antworten auf allen kulturellen Ebenen.

Sein Vater, Constant Georges, starb am 5. Juli 2011 im Alter von 81 Jahren und war ein Vorbild für ihn. Er war ein Veteran von Indochina, und ein Mitglied des TOE-GCI, Fahrer/Lieferant im Zivillebenl, wurde mit Krebs der Kehle 1981 bestimmt,Trotz seiner Behinderung war er immer ein Kämpfer und hatte Begeisterung entwickelt, weil er erkannte, wie wertvoll das Leben ist und dass man es intensiv leben muss. Er war ein Veteran während des Indochina-Krieges und kämpfte für den Rest seines Lebens. Er hat Yoann immer geholfen, aufzustehen und die Prüfungen des Lebens zu überwinden.

Yoann badete in einer Umgebung, in der er jeden Tag kämpfen musste. Er versuchte immer, alles Mögliche zu tun und neue Erfahrungen zu sammeln.

Er besuchte die normale Schule bis 1993, bevor er in die Lehrschule in Saint Jeoire zurückkehrte, wo er die Berufe Elektriker, Schreiner, Dreher und Schweißer entdeckte.

Im September 1995, einem neuen Wendepunkt in seinem Leben, folgte er einem Weg in der tertiären Buchhaltung an der Private Professional High School "the cordeliers" in Cluses, wo er das Büro und die Verwaltung entdeckte und auch Computermanagement lernte, in dem er noch heute tätig ist sein Privatleben. Aber verpasste seinen BEP um ein paar Punkte.

Unter der Anleitung seines früheren Professors für Rechnungswesen versuchte er 1998 erneut, seinen BEP zu erhalten.

Von Februar 1999 bis Dezember desselben Jahres leistete er seinen Nationaldienst in Auxonne im Burgund beim 511. Zugregiment, dann beim 27. BCA in Cran-Gevrier in Haute-Savoie.

Nach dem Ausscheiden aus der Armee beschloss er, seinen BA in Buchhaltung als selbständiger Kandidat zu versuchen, er buchte monatelang in allen Fächern, wurde sein "eigener Lehrer", auch heute noch im Herzen autodidaktisch, er kannte "Selbsttrainer", absolvierte er, Aber er beschloss, nicht aufzuhören, fühlte Flügel wachsen und arbeitete in der Industrie, um sein Studium durch Korrespondenz zu finanzieren, was für ihn "jede Nacht ein großes Stück für den Unterricht war, aber die Ergebnisse waren für ihn schlank.

Er unternahm 2001 die Wiederaufnahme von Studien auf wiederkehrenden Tagungen, erkundigte sich bei Ausbildungszentren und beim «Informations-und Orientierungszentrum» (C I O) oder er wurde von einer Beraterin betreut, die ihm beim Ausfüllen der für seine Wiedereingliederung in die Berufslaufbahn erforderlichen Formulare half.

Im September 2001 kehrte er zurück zum Lycée Guillaume Fichet, damals 23 Jahre alt, trennte ihn vier Jahre von den anderen Schülern, ein leichter Generationenschock, den er ausgleichen konnte, er passte sich sehr gut an dieses Milieu an, Im Juni 2003 erwarb er sein Abitur in Buchhaltung.

Er versuchte mit allen Mitteln, seinen BTS zu erreichen, denn mit 25 Jahren war er für die Arbeitgeber zu alt, da er innerhalb von zwei Jahren in das Berufsleben eintauchte. Er erlitt Niederlagen, aber er gab sich nicht geschlagen. Er besuchte einige Seminare für große Automarken, insbesondere in Valencia, Drôme.

2004 nutzte er eine einmalige Gelegenheit, um an einer Ausbildung von Mitarbeitern von

KMU/KMU in der Kammer für Handel und Industrie in Scionzier, Haute-Savoie, teilzunehmen und entdeckte dort die PNL (Neurolinguistische Programmierung) wo er die Werkzeuge lernte, um das Unterbewusstsein zu formen und die menschliche Natur zu steuern.

Von 2007 bis jetzt widmete er sich Themen wie persönliche Entwicklung, Kontrolle des Unterbewusstseins, las viele Bücher über Psychologie und Verhalten und besuchte auch Coaching-Seminare. Er besucht immer noch und ziemlich regelmäßig Trainer für die persönliche Entwicklung.

Außerdem ist er Mitglied der Nationalen Vereinigung der Kombattanten (UNC-Alpes) und der Freundlichkeit des 27. BCA.

EINFÜHRUNG

Hallo Leser Freunde,

Zunächst möchte ich mich denjenigen vorstellen, die mich noch nicht kennen.

Ich bin, ich war und ich werde gleichzeitig ein Autor, ein Schauspieler und ein Zuschauer wie alle anderen sein, und ich werde Ihnen später erklären, warum ich das sage.

Ich bin Yoann MERITZA, Autor, spezialisiert auf Persönlichkeitsentwicklung, insbesondere NLP (Neuro Linguistic Programming), EFT (Emotionale Freiheitstherapie) und Verhaltens- und Kognitive Therapie. Die menschliche Natur ist für mich zu einer Quelle der Inspiration geworden und Verhaltensforschung fasziniert mich, denn es gibt immer etwas zu lernen, denn wie ein Zitat sagen würde:

"Je mehr wir wissen, desto weniger wissen wir!"

Ich habe mich bereits in sozialen Netzwerken profiliert und mich in mehr als zwanzig Ländern, insbesondere in Frankreich, Spanien und Großbritannien, bekannt gemacht, aber dies war ein langer Weg, der nicht oft mit Gold gepflastert wurde.

Als jeder auf dem Gebiet des persönlichen Wachstums und des Studiums der menschlichen Natur begann und im Laufe der Jahre berühmt wurde, gab es einen Ausgangspunkt, diese Leute waren wie Sie, sie waren wie ich, ein Teil der Volksmasse, aber Sie konnten sich von ihren Träumen abheben, indem sie siegten und an sie glaubten. Jeder hat das Recht, erfolgreich zu sein und ein besseres Leben zu verdienen. Und als Autor in der persönlichen Entwicklung respektiere ich dieses Konzept genug, weil ich weiß, woher ich komme.

Autoren wie Max Piccinini, Franck Nicolas, Slavica Bobdanov, Jack Canfield, Bob Proctor und viele andere respektiere ich sehr, weil sie aus einem sogenannten "populären" Milieu stammen, in dem Sie sich gerade befinden, aber schauen Sie, wo sie sich gerade befinden , sie haben es brillant geschafft und teilen gerne, wie ich, ihr Wissen. Warum wäre es nicht dasselbe für dich? Es bedeutet auch, dass Sie an Ihrer Fähigkeit zweifeln, aber Sie werden lernen, dass für diejenigen, die wirklich daran glauben, alles möglich ist!

Ich hoffe, dass Sie selbst die Barrieren Ihres Lebens durchbrechen, Ihren Platz in der Gesellschaft finden, so wie es so viele andere getan haben, das ist der Zweck dieses Buches, und ich werde Ihnen alle Werkzeuge geben, die Sie brauchen, um dorthin zu gelangen Aber Sie müssen zusammenarbeiten. Was Sie entdecken werden, ist ein sehr wirkungsvoller Weg, um alles zu erreichen, was Sie sich im Leben wünschen. Aber es ist kein magisches Buch, es erfordert gesunden Menschenverstand und Regeln, die das Universum regieren.

Sie halten das Buch Ihres Lebens in Ihren Händen und glauben es oder nicht, etwas hat Sie zu diesen Zeilen geführt.

Wie könnte ich das definieren? Es ist eine Sammlung aller Werkzeuge, die Sie auf allen Ebenen zum Erfolg führen können und die Person sind, die Sie immer sein wollten, und über Ihre wildesten Träume hinausgehen. Er besitzt die Schlüssel einer Kraft, der Anziehungskraft.

Wenn Sie für einen Moment nicht glauben, hindert Sie nichts daran, dieser Lektüre weiter voranzuschreiten, aber es wäre eine Schande, die Gelegenheit zu verpassen, Ihr gesamtes Schicksal zu ändern, "über der Linie" zu sein.

Dieses Buch hat eine immense Kraft und erlaubt es Ihnen, Barrieren zu überwinden, die unmöglich zu erreichen schienen.

Du glaubst es immer noch nicht? Lassen Sie sich das Gegenteil auf den Seiten beweisen. Ich werde Sie auf eine wunderbare Reise in sich mitnehmen. Es wird etwas passieren. "Es wird sich materialisieren, während Sie Ihre Lektüre fortsetzen. Aber ich sage Ihnen nicht, was es jetzt ist.

Es ist keine Magie darin, alles, was Sie wollen, geschieht zu jeder Zeit, ich werde erklären, wie.

In diesem Buch erfahren Sie alles, was Sie über das Gesetz der Anziehung wissen müssen. Es soll vor allem die wesentlichen Lebensgewohnheiten verstehen, die berücksichtigt werden müssen, um sie richtig anwenden zu können. Alles, was Sie dort entdecken, wird Ihre Erwartungen übertreffen, wenn Sie klare Antworten darauf geben, und das ist mein Ziel, wenn ich es aufschreibe.

Es ist die Frucht langer Stunden Forschungsarbeit zu diesem Thema, ich könnte sagen, dass es ein reines Konzentrat von Wissen ist, so war mein Wille es zu schreiben, es effektiv zu machen und es ist, das Gesagte, nicht zu erwarten Damit alles alleine passiert, wird es notwendig sein, von dir die Grundlagen zu legen, ich gebe dir die Grundlagen, damit du darauf aufbaust, was du willst.

Ich möchte Sie jedoch warnen, dass alles, was Sie dort finden, sich auf Ihren Geist und Ihren

Körper auswirken kann, was zu Übelkeit, Migräne, Stimmungsschwankungen oder Schwindel führen kann, da zwei Arten von Gedanken und Verhaltensweisen entgegengesetzt werden. deine in der jetzigen Form und die, die du dir wünschst. Es kann Sie aufrütteln.

Es ist ein Buch, das Sie dahin bringt, wohin Sie möchten, vorausgesetzt, Sie erzwingen keine Ereignisse. Alles, was passieren wird, wirkt sich direkt auf Ihren Alltag aus. Lesen Sie es ruhig. Es sammelt wertvolle Informationen, die aus vielen Recherchen auf dem Gebiet, Anekdoten und Auszügen von Artikeln hervorgehen. Es ist ziemlich vollständig, zumindest für den Autor werden Sie Ihre eigene Meinung bilden.

Verstehe auch die Komplexität der Herstellung eines solchen Buches, viele Stunden des Schreibens, Umformulierungen, Liter Kaffee, ein paar Dutzend benutzter Stifte, um ein reines Konzentrat zu erhalten (nur zwei Stifte, Ich werde das Ding etwas anschwellen!)

Wichtiger Punkt: Behalten Sie dies zu Beginn des Transformationsprozesses für sich, erwähnen Sie dieses Buch auf keinen Fall, besonders in Ihrer aktuellen Umgebung, Sie sind immer noch Anfänger für die meisten und einige Leute in Ihrer Umgebung werden es nicht verstehen, sehr wenig in Phase Mit dieser Art von Theorien, aber wenn die ersten Änderungen eintreten werden, werden Sie selbst davon überzeugt sein, dass alles, was in diesem Buch gesagt wird, funktioniert, können Sie es massenhaft teilen.

Sie werden den Glauben an sich selbst verbessern, Sie werden sich in der Lage fühlen, über Ihre Träume hinauszugehen. Seien Sie geduldig, lesen Sie das Buch in Ruhe und große Wahrheiten werden Ihnen offenbart, aber alles, was Sie wissen müssen, wenn Sie alles befolgen, was Sie buchstabengetreu sehen, werden Sie auf einem Level voranschreiten, einen Schritt weiter gehenEine Linie, die eure Realität von der begehrten trennt. Sie ist eine der mächtigsten Kräfte der Natur.

Ich lasse die Spannung nicht länger auf sich warten und wünsche Ihnen eine gute Lektüre.

Mit freundlichen Grüßen

Yoann MERITZA
Autor

TEIL I:
GESETZ DER ANZIEHUNG

KAPITEL 1 :
SEINEN GEIST GUT AUF DAS GESETZ DER ANZIEHUNG VORBEREITEN

"Um das Endziel zu erreichen, konzentriere ich mich zuerst auf die Vorbereitung."
(David Douillet)

Das Gesetz der Anziehung ist eine der mächtigsten Kräfte im Universum, aber nur sehr wenige wissen, wie man es benutzt. Alles, was in diesem Kapitel erwähnt wird, ist vor allem gesunder Menschenverstand.

Wie ein Magnet zieht er alles an, was Sie in Ihrem Leben wollen, aber es gibt Bedingungen, unter denen dieses Gesetz optimal angewendet werden kann.

Ich erinnere mich, dass ich am Neujahrstag 2017 einige Notizen von jemandem erhalten habe, den ich nicht auf einem Blatt Papier kannte, aber ich gebe zu, dass ich versucht bin, mich von dem, was oben erwähnt wurde, das heißt ein paar Anweisungen, und der Frau, die ich an diesem Tag getroffen habe, zu überzeugen mir, dass ich lernen würde, sie so zu gebrauchen, wie sie sind.

Eine Frage blieb in mir: "Warum ich? Was hatte ich mehr, das mich von anderen unterscheiden könnte?

Später stellte ich fest, dass ich nichts mehr hatte, als ich bereits besaß, das heißt "alles", so neugierig es auch sein mag.

Tatsächlich haben wir alle diese Kraft in uns. Alles, was in unserem Leben passiert, kommt von einem Ort: von uns selbst!

Die äußeren Bedingungen spiegeln unsere innere Welt wider, und als ich eine Videoaufnahme von mir selbst machte, machte ich eine Entdeckung.

Indem wir uns konditionieren, um einen Schritt zurück auf das eigene Bild zu machen, als ob wir eine Person außerhalb unseres Kreises sehen, haben wir das, was man "äußeres Auge" nennt.

So erstaunlich es auch scheinen mag, all die Mängel, die ich bei anderen gesehen habe, ich habe sie bei dieser Aufnahme gefunden und angefangen, meine Selbstkritik zu üben. Es öffnete meine Augen für die Person, die ich war: "So werde ich also wahrgenommen?"

Ich lade Sie ein, es zu erleben! Auch wenn Sie es im Moment nicht erkennen, haben Sie eine Menge Fehler, in der Tat, jeder hat es, aber auch, jeder mag es, sich gegenseitig anzulügen.

Bob Proctor, ein anderer selbstentwickelter Autor, spricht von "Haltung", aber dies ist im weiteren Sinne zu verstehen, es ist die Haltung uns selbst und anderen gegenüber. Die Welt um uns herum spiegelt genau wider, wer wir sind, welche Menschen wir treffen, welche Arbeit wir leisten, wie wir wohnen und wie wir leben. Alles ist dasselbe, und wie das Sprichwort sagt: "Das ist wie das Zusammensein"!

Es sind vielleicht nicht die Bedingungen, die

Sie wollen, aber indirekt provozieren Sie sie, ich weiß sehr gut, dass dies nicht begeistert ist, aber es ist die traurige Realität. Ich werde etwas weiter ins Detail gehen!

Aber das ist schwer zu verstehen, solange wir blind und gefangen in unserem Glauben sind.

Woher kommen diese Überzeugungen? Direkt aus unserer Kindheit, und es ist eine Reihe von Neuro-Assoziationen, die wir zwischen einem externen Element (Worten, Farben, Menschen ...) und unserer inneren Welt hergestellt haben. Wir sind von Geburt an so formatiert, dass wir bestimmte Überzeugungen haben, die als "Paradigma" bezeichnet werden. Ich werde diesem letzten Punkt ein ganzes Kapitel widmen!

Da ich möchte, dass alles, was in diesem Buch erwähnt wird, wirklich funktioniert und um zu zeigen, dass das Gesetz der Anziehung keine Phantasie ist (Sie werden es selbst entdecken), möchte ich Ihnen einige Details geben, damit Sie es gut anwenden können.

Viele haben eine Menge Bücher zu diesem Thema gelesen, ohne wirklich zu wissen, wie man die darin enthaltenen Prinzipien aufdeckt, und dennoch kann ich einige dieser Bücher, Mickael Losier, Max Piccinini, Franck Nicolas und Napoleon, empfehlen Hill, Bob Proctor, Slavica Bogdanov und viele andere haben eine sehr gute Herangehensweise an das Thema. Sie sind auf diesem Gebiet sehr kompetent, und ich lade Sie ein, viele ihrer Bücher zu diesem Thema zu lesen. Sie werden Gemeinsamkeiten entdecken, und der Vorteil, verschiedene Visionen des Gesetzes der Anziehung zu kennen, wird es Ihnen ermöglichen, die Erklärungen zu verstehen, die am besten sind passend für dich.

Trotzdem möchte ich Ihnen einige Details darüber geben, was Sie auf den Seiten entdecken werden, und viel mit Ihnen tun.

Ich für meinen Teil habe nie verheimlicht, dass es eine ständige Investition auf Ihrer Seite erfordert, wir schreiben keine Bücher der Magie (alle Autoren zusammen), es gibt nur eine, die bereits in Ihnen ist. Kraft kommt von innen und nicht von außen, und was wir tun, wir helfen Ihnen, diese Kraft zu finden, zu verstehen, wo sie in Ihrem Geist ist, wir öffnen den Weg, Sie folgen ihm.

Um alles zu bekommen, was Sie im Leben wollen, müssen Sie voll investieren!
Was erzähle ich dir? Ich sage nur, dass alles, was hier in diesem Buch vorgestellt wird, weitgehend eine Frage des gesunden Menschenverstands ist. Ich verkaufe keine Träume und ich bin kein Zauberer, und auf diesen Seiten werden Sie keinen Weg finden, Sie werden keinen Weg finden, einen Hasen aus einem magischen Hut zu zaubern, es ist auch keine esoterische sammlung, man muss erst die füße auf den boden stellen. Wenn dies die Art von Büchern sind, nach denen Sie gesucht haben, befinden sie sich in der Abteilung "Fantasy" Ihrer Stadtbibliothek.

Was in diesem Buch vorgestellt wird, ist etwas ernster, es handelt von persönlicher Entwicklung und wird in Kommunikationsfachfirmen verwendet, um beispielsweise Verkäufer auszubilden, und es bringt eine bessere Sicht auf die eigene Person und die menschliche Natur im Allgemeinen.

Jeder hat seine eigene Ausbildungstechnik, und ich für meinen Teil bin ein essayistischer Autor, das heißt, ich bringe eine Vision mit, nicht das Gegenteil, aber die Endgültigkeit bleibt gleich, wenn ich einen ganz anderen thematischen Ansatz habe als Sie .

Und da ich Ihnen als Autor wirklich das Beste bieten und die größtmöglichen Antworten geben möchte, um dieses universelle Gesetz der Anziehung anzuwenden, frage ich Sie nur: Spielen Sie das Spiel!

Merk dir das! *"Es gibt keine Magie außer der, die bereits in dir ist!"*

Voraussetzung:

Um auf das Gesetz der Anziehung zurückzukommen, bitte ich Sie um einen Beitrag, damit es optimal funktioniert. Alles muss in deinem Kopf klar sein. Um Abweichungen zu vermeiden, wirst du dich nicht auf zwei Aspekte deines Lebens konzentrieren können, den gegenwärtigen und den gewünschten, du wirst den Weg finden müssen, der zur Loslösung führt, ohne den Täglicher Anruf zur Bestellung.

Es dauert eine Weile, mehr oder weniger lange, bis sich der Verstand an diese neuen Veränderungen in Ihrem Leben gewöhnt hat. Bei einigen dauert es einige Wochen, bei anderen kann es Monate dauern, abhängig von der Stufe von Verankerung Ihrer aktuellen Gedanken und Ihrer Umgebung.

Vorher wird es notwendig sein, den Alltag durch kleine Gewohnheiten zu verbessern und dabei zu bleiben, das ist das Beste für Sie!

Denken Sie daran, dass das Wohlstandsgefühl, wenn Sie ein Damoklesschwert auf dem Kopf haben, Sie nicht weiterbringen wird, Schulden, die sich auszahlen, der Besuch eines Platzanweisers oder anderer Sie in Ihre Realität zurückbringen und die Anwesenheit von Einzelpersonen die dich ständig ihren problemen aussetzen und in ständiger negativität sind, zeige takt und distanz von ihnen!

Sie leben in einer Welt, die Sie nicht mehr wollen, und Sie möchten nicht, dass jemand all Ihre Fortschritte zerstört. Lassen Sie sich von Menschen, die Sie herabsetzen, nicht abschrecken oder zerlegen. Seien Sie mental stärker! Es geht um dein Leben, und es wäre eine Schande, wenn du alles ruinieren würdest, weil die dich bremsen.

Hoffnung und Angst können nicht im selben Raum und mit derselben Frequenz zusammenleben. Es gibt immer einen Gedanken, der den anderen dominiert, niemals beides gleichzeitig, und der vorherrschende ist die Realität, die Sie akzeptiert haben und die seit langer Zeit Teil Ihres Lebens ist. Wenn Sie also keine Angst vor dem nächsten Tag haben möchten, erstellen Sie die Umstände auf diese Weise, um keinen Grund zu haben, darüber nachzudenken.

Dafür ist es notwendig, uns von allen Sorgen des Alltags zu befreien, es ist schwierig und wird noch schwieriger, wenn der Geisteszustand nicht mit dem übereinstimmt, was wir wirklich wollen.

Dies nennt man "einen Teil Ihres Geistes in Paris und den anderen in Singapur haben". Wenn Sie über zwei völlig widersprüchliche Dinge nachdenken und sich schwer auf positive Gedanken konzentrieren und über Ihre Schulden und Probleme nachdenken, wird es Sie die ganze Zeit einholen Wenn Sie dies nicht zuerst einstellen, hilft Ihnen das Lesen dieses Buches unter solchen Umständen nicht weiter.

Wir alle haben eine Rolle zu spielen, meine Aufgabe ist es, Ihnen alle möglichen Antworten zu geben und die Mittel zu finden, um sie in Bezug auf das Gesetz der Anziehung umzusetzen.

Ihr Geist soll "sauber", klar und frei von allen gegenwärtigen Problemen sein. Ich weiß nicht, welche Art sie sind und ich könnte sie nicht für Sie lösen. Verwechseln Sie mich nicht mit einem Zauberer, denn Sie sind unbewusst, Sie sind es der schauspieler und der zuschauer von allem, was dir passiert, aber denke nicht, dass ich dich in ruhe lassen werde, ich werde dir erklären, was du an erster stelle tun musst.

Verstehe meinen Standpunkt! Dieses Buch basiert auf zwei Prinzipien: Absolutes Vertrauen und Authentizität, und die beiden sind untrennbar miteinander verbunden.

Befolgen Sie diesen Rat, es ist wirklich wertvoll für die Zukunft, und Sie werden mir später danken!

Um in einem ruhigen Geisteszustand zu sein, das heißt, ohne auf seinem Bankkonto nachzusehen, ob noch ein paar Cent zu leben sind, oder die Angst zu haben, am nächsten Tag ein Gerichtsvollzieherland zu sehen, um alle Ihre zu beschlagnahmen Möbel, oder um sich eine Katastrophe vorzustellen, würde ich Sie etwas wirklich Wesentliches fragen:

"In Harmonie mit seiner Realität sein!"

Lösen Sie dafür unverzüglich Ihre aktuellen Probleme oder finden Sie Lösungen oder Kompromisse, um dies zu erreichen! Und vor allem, behalten Sie eine sehr gute Haltung bei, indem Sie nicht versuchen, Sie in Schwierigkeiten zu bringen.

Für diejenigen, die keine Arbeit haben, empfehle ich Ihnen, eine zu finden und Ihnen wirklich die Mittel zu geben, um es zu tun!

Einige werden mir sagen "Ja, das ist leicht zu sagen! Aber schwer anzuwenden!".

Wenn Sie überall Probleme haben, einschließlich der Suche nach einem Job, dann wird es sein! Ich bin nicht hier, um dich zu besiegen oder dich anzulügen, aber mit dieser Art von Gedanken ist es klar, dass du nichts finden wirst, und leider ist das Teil des Gesetzes der Anziehung.

Sie haben die tiefe Überzeugung zum Ausdruck gebracht, dass alles im Leben schwierig sein würde, ich habe nie das Gegenteil behauptet, und ich wünsche Ihnen, dass Sie einen Job finden, auch wenn es nicht der Job Ihrer Träume ist. Es ist keine Schande, ein Kehrer oder ein Aasfresser zu sein, es sind undankbare Geschäfte, aber Sie müssen!

Um ein Geständnis abzulegen, habe ich am Ende meines Studiums der Buchhaltung viele Trades gemacht. Das bedeutet nicht, dass ich Buchhalter geworden bin oder eine verantwortungsvolle Position bekommen habe, die direkt aus der Wiege kommt, weil ich solche Positionen bekommen möchte. man braucht erfahrung und um sie zu bekommen, muss man sich beweisen.

Stell dir einen Moment vor! Mit einem Bachelor-Abschluss in Buchhaltung und einer Ausbildung in den Verwaltungsbereichen als SME-SMI-Mitarbeiter, um Manager meines eigenen Unternehmens zu werden, auch nach zahlreichen Praktika, na ja, mit viel Gepäck, war es auch nicht einfach für mich.

Es gab viele Phasen der Entmutigung, aber ich hatte einen goldenen Vater dabei, der mich immer hochhob und mir eine Abfuhr gab, und jeder sollte einen Vater haben, wie ich ihn hatte, jemanden, der kämpfte, immer aufstand und sein Gefolge aufbaute, hatte er Diese innere Stärke, die ich etwas später, nach seinem Tod im Jahr 2011, gelernt habe.

Während meines Lebens war ich ein Aasfresser, ein Kehrer, in der metallurgischen Industrie war ich bereits arbeitslos, es gab Zeiten, in denen ich Elend erlebte, aber in meinen Gedanken gab es dieses kleine Echo, das mir immer wieder sagte: "Sie können es tun! I "Glaube an dich! Hab Vertrauen! Du bist dazu in der Lage!" Diese kleine Stimme ist mein innerer Coach, der uns unterstützt, wenn alles schief geht, niemals vernachlässigt, es ist eine sehr wertvolle Hilfe.

Versuchen Sie, diesen Geisteszustand anzunehmen, und Sie werden sehen! Die ersten Ergebnisse werden sich bemerkbar machen, auch wenn es am Anfang nicht das ist, was Sie wollen, Sie sagen, es ist der Beginn der Straße und es ist nicht mit Gold gepflastert, weit davon entfernt.

Viele würden mich nicht um die Situationen beneiden, die ich kannte, in einem Raum von 10m² ohne Wasser oder Strom leben, unter unhygienischen Bedingungen und mit Problemen der Nachbarschaft, ich weiß voll, dass mich mein jetziges Leben beneidet, es war ein langer, harter Weg zu gehen, aber ich habe es getan, und auch zu verstehen, wie stolz es ist, zu sagen, "wow", ich habe es selbst nicht geglaubt!

Es gibt viele Beispiele wie diese, vor allem von anderen Autoren wie Franck Nicolas oder Max Piccinini, sie wissen sehr gut, woher sie kommen und sie wissen auch, dass sie nicht zurückkehren werden!

Also verzweifle nicht! Was in meiner Reichweite oder in der anderer Leute war, kann auch Ihnen gehören! Es gibt keine Barrieren, sondern nur Sie, und ich werde sie in diesem Buch ausführlich erläutern.

Sich wieder an die Arbeit zu machen und ein wenig auf meine Worte zurückzukommen, für diejenigen, die es nicht tun, wäre es nicht an der Zeit, Ihre Probleme zu lösen und ein anderes besser für Sie zu finden!

An dieser Stelle gebe ich Ihnen einen kleinen Tipp zum Verfassen Ihrer Lebensläufe, den ich mir bereits in der beruflichen Laufbahn mit einer sehr guten Rücklaufquote beworben habe:

Die Papageientechnik

Sie lesen Anzeigen, die unseren Fähigkeiten am besten entsprechen, und schreiben sie in Ihrem Lebenslauf in Fett.

Sie müssen sich in die Lage der Arbeitgeber versetzen, die Tausende von Bewerbungsschreiben erhalten, von denen die meisten sich nicht einmal die Mühe machen, sie zu lesen, denn Die Briefe füllen ihren Müll. Warum hast du das getan? Sie wollen einfach nicht die Augen müde machen, kleine Buchstaben zu lesen, nachdem sie ihre Augen beim Lesen anderer Briefe gelehrt haben, wenn Ihre am Ende des Stapels ist, wird das kein Glück für Sie sein, und sie werden sich nicht langweilen!

Wenn Sie jedoch ihre Erwartungen genau analysieren, wenn z. B. einer von ihnen ein Magazin/Karist mit 3- und 10-jähriger Erfahrung anfordert, dann verweisen Sie es auf Ihren Vitae-Lebenslauf auf diese Weise.

Es dürfen nur Umschläge im Format»Italienisch verwendet werden (oben öffnen)

Beachten Sie zum Beispiel:

Lebenslauf

Lagerarbeiter
CACES 3
10 Jahre Erfahrung

Das ist die Essenz dessen, was sie wissen wollen. Wenn ihre Erwartungen mit Ihren Vorschlägen übereinstimmen, stellen sie Ihren Lebenslauf möglicherweise in den Rückstand der wartenden Post und lesen ihn am nächsten Tag, aber den Schlüssel ist es, die Aufmerksamkeit auf sich zu ziehen.

Wenn Sie keine 10 Jahre Erfahrung haben, gibt es einen Trick.

Angenommen, Sie haben nur 8 Jahre Erfahrung, schreiben Sie einfach so.

+ 8 Jahre Erfahrung

Das "+" wirkt sich auf die Psychologie des Arbeitgebers aus und er wird sagen, dass es seinen Erwartungen relativ nahe kommt.

Zweitens, und wenn Sie überhaupt keine Erfahrung haben, zögern Sie nicht, Lebensläufe zweimal, dreimal oder zehnmal hintereinander aus zwei Gründen zu senden.

Verringern Sie die Wahrscheinlichkeit, dass Sie sich in den Papierkorb werfen, und es besteht eine von zehn Chancen, dass einer von ihnen die Aufmerksamkeit eines Arbeitgebers auf sich zieht. Seien Sie jedoch vorsichtig! Geben Sie uns mindestens eine Woche Zeit, damit wir Ihnen antworten können! Dies bedeutet nicht, dass Sie sich nur bei einem

Arbeitgeber aufhalten müssen. Während der Woche hindert nichts Sie daran, andere auf die gleiche Weise zu kontaktieren.

Es gibt Arbeitgeber, die motivierte Menschen mögen, mit oder ohne Erfahrung, sie bewundern das Engagement in ihrem Geschäft, es ist wahr, dass die Diplome ebenso helfen wie die Erfahrung, aber was sie noch mehr bewundern, sind die motivierten Menschen. In Bezug darauf verfügt ein anderer Kandidat möglicherweise über alle erforderlichen Diplome und Erfahrungen. Wenn er jedoch nicht involviert ist und schlaff ist, wird er nicht zischen, und die Arbeitgeber möchten, dass die Leute übrig bleiben.

Was die Verschuldung anbelangt, fangen Sie nach Ihrem ersten Job mit dem Wichtigsten an: Miete, Wasser und Strom - das ist die Basis.

Dann beginnen die anderen Schulden mit den kleineren, um Ihren Geist zu befreien und sich mehr auf die folgenden zu konzentrieren! Je mehr Sie Ihre Probleme lösen, desto besser werden Sie sich in Ihrem Kopf fühlen.

Und wenn du nicht mehr darüber nachdenkst, ein Monatsbudget einhältst, für eine Weile den Gürtel enger schnallst, wird die Situation nur vorübergehend sein, aber es lohnt sich, du musst Gewalt anwenden, um das Beste zu bekommen, und das habe ich getan . Seien Sie ein paar Monate lang nicht erfreut und konzentrieren Sie sich bei Ihren Prioritäten auf die Rückzahlung, befolgen Sie eine sehr gute Verhaltensweise, und das Leben wird Sie hundertfach bereichern, insbesondere für das, was in diesem Buch folgen wird.

Wundern Sie sich über den Zusammenhang zwischen dem, was ich gerade geschrieben habe, und dem Gesetz der Anziehung?

Ich wiederhole :

In Harmonie mit seiner Realität zu sein

Es ist unmöglich, gleichzeitig positive Gedanken zu haben, wenn Sie negative Gedanken haben, die sie alltäglich real werden lassen, und es ist schwierig, sich mit Ideen, die sich auf Ihre aktuellen Probleme beziehen, in einen wohlhabenden Geisteszustand zu versetzen.

Ich frage dich viel, ich weiß, aber es ist wirklich sehr wichtig, dass du nicht alles anziehst, was du willst, wenn du alles beibehältst, was du nicht willst, und das dich unermüdlich in die Realität bringt, können wir keinen Erfolg bemerken, wenn alles um uns herum zeigt das Gegenteil.

Regel Nummer 1, damit das Gesetz der Anziehung wirklich funktioniert:

HABEN SIE EINEN SAUBEREN GEIST

Siehst du? Gerade in diesen ersten Zeilen sind die 12 €, die Sie diesem Buch gewidmet haben, bereits gut investiert, soweit es Ihnen dient! Und ich bitte nichts weiter als ein Dankeschön für diese Tipps, die wir begrüßen würden.

Mein Buch, für dessen Verfassen ich Zeit und Energie aufgewendet habe, muss wirksam sein, und alle Antworten zu diesem Thema werden da sein, sofern die Empfehlungen auf den Brief angewendet werden können.

Und als letzten Punkt: Kümmern Sie sich um Ihre Wohnung, denn dort verbringen Sie die meiste Zeit Ihrer Zeit und kümmern Sie sich um Ihre Besuche.

Ich glaube, dass alles gesagt ist, jetzt überlasse ich Ihnen Ihre Lektüre, und in diesen letzten Zeilen dieses Kapitels wünsche ich Ihnen allen, dass Sie alles erreichen, was Sie unternehmen werden!

Es gibt keine Grenzen für das, was Sie wollen. Sie werden viel mehr entdecken, als der Alltag Ihnen bringen kann. Sie werden entdecken, was "über der Linie" ist.

Wo immer du bist und wer auch immer du bist, ich sende dir meine besten Gedanken und ich werde bei allem, was du tust, von ganzem Herzen bei dir sein!

Mit freundlichen Grüßen!

Yoann MERITZA

KAPITEL 2 :
DAS HANDBUCH DES VERSTANDES

"Das Geheimnis der Veränderung besteht darin, sich darauf zu konzentrieren, etwas Neues zu erschaffen, und nicht gegen das Alte zu kämpfen."
(Dan Millman)

Wenn es ein Wort gibt, an das Sie sich in diesem Buch gerne erinnern würden, dann ist es "Wahrnehmung". Bob Proctor, ein anderer Autor für Persönlichkeitsentwicklung, verwendet das Wort "Haltung", aber irgendwie sind die beiden verwandt, Sie werden bald verstehen, warum.

Viele haben mir Fragen gestellt und einige haben großes Interesse an dem Thema gezeigt, andere eine Form der Ungeduld.

Es hat nichts mit Rhonda Byrns "The Secret" zu tun, das Thema ist so umfangreich, dass es nicht in ein Buch passt, aber ich werde es versuchen, obwohl ich bereits zwei Bücher über dasselbe Thema geschrieben habe.

Dieses Geheimnis existiert, es beinhaltet Regeln, die wir jeden Tag unbewusst anwenden und die uns entweder zum Erfolg oder zum Misserfolg führen.

Es ist eine Anziehungskraft, die um uns und in uns existiert, aber nur sehr wenige wissen, wie man sie benutzt, auch wenn sie es seltsamerweise schaffen, sie aufgrund ihres Paradigmas anzuwenden, ohne sich dessen bewusst zu sein. Ich werde diesen letzten Begriff etwas näher erläutern.

Ich habe jedoch einige Kritik aufgrund der Skepsis einiger erhalten, die nicht "ihre Zeit mit solchem Unsinn verschwenden" wollen.
(um die Worte eines Kommentators zu verwenden).

Und doch würde ich das in dieser Form sagen:

"Angenommen, es funktioniert, warum versuchst du es nicht?"

Jeder war frei von seinem Glauben und ich hatte vor ein paar Jahren meinen eigenen, ich war nicht überzeugt, wirklich nicht, mein Leben lief im Vakuum, bevor ich diese wunderbaren Veränderungen in meinem Leben sah. und wenn das passiert, können wir es nur glauben.

Meine Bücher sind alle Teile desselben Puzzles, da ich Sie nicht auf einmal enthüllen kann, erfordert es ein breites Verständnis des Themas, dass ein Buch nicht genug haben würde.

Um ein wenig zurückzugehen, hatte ich in meinem Buch "Garantierter Erfolg" zwei Besprechungen hervorgerufen, die mit einer Dame im Casino von Chamonix und die andere mit meinem Schicksal. Einige Leute auf der Szene können aussagen.

Möchten Sie wissen, was auf einem Blatt Papier steht, um mehr Details zu erfahren?

Ich habe vorher nicht darüber gesprochen, weil ich nicht wusste, ob es bei meinem ersten

Buch sehr interessant war, aber um ehrlich zu sein, gab es eine Nachricht zu senden, eine Telefonnummer und einen Namen.

Von da an, ein Jahr nach diesem Treffen, waren wir im Januar 2018, kurz nach Neujahr, ich legte meinen Anzug in meinen Schrank, und ich griff auf diese Notizen zurück. Sie waren in einer meiner Jackentaschen geblieben und hatten darauf gewartet, dass ich sie las, weil ich kein großes Interesse daran hatte, das nicht ernst zu nehmen, und außerdem, wenn ich einen Fremden anrufe, ist es nicht zu meiner Art.

Trotzdem hat mich noch etwas dazu gedrängt, diese Person anzurufen, obwohl ich nicht gerne störe, aber nach vierzehn Tagen, dachte ich *"oh! Und dann verdammt! Im schlimmsten Fall hängt mir die Person am Telefon ins Gesicht, was kann ich mehr riskieren?"*

Also habe ich angerufen! Das Telefon klingelte einige Minuten, bevor der Anrufer den Hörer abnahm

Mit fieberhafter Stimme antwortete sie:

i- "Ja allo! Wer spricht?"

Ich antwortete:

y - "Guten Abend, entschuldigen Sie, dass ich Sie störe, ich bin Herr MERITZA."

i - Was ist der Zweck Ihres Anrufs?

Da ich nicht wusste, wie ich es formulieren sollte, war es schwierig, mit diesem Fremden zu sprechen, und ich ging direkt zur Sache.

Y - "Nun, ich rufe an, weil jemand, den Sie wahrscheinlich kennen, Frau L, mir Ihre Telefonnummer gegeben und mir gesagt hat, dass Sie mir helfen könnten."

i - "Und wie kann ich dir helfen?"

Mit diesen Worten offenbarte ich ihm meine Absichten sowie die Botschaft auf dem Blatt Papier.

In diesem Moment sagte er ziemlich hart zu mir:

i- «Frau L. hat mir von Ihnen erzählt! Trotzdem haben Sie langsam auf seine Bitte reagiert, und ich habe nichts zu tun! "

Die Diskussion war lang und ich erklärte ihm, warum ich zu spät antwortete, aber schließlich hatten wir uns auf ein Treffen in der folgenden Woche geeinigt.

Und er fügte hinzu, bevor er auflegte:

i- "Ich zähle auf dich, lass mich nicht im Stich! Bis nächste Woche.!"

In der folgenden Woche hatte ich Probleme, die Adresse zu finden, die Häuser waren alle gleich, Viele Fragen kamen mir in den Sinn *(was, wenn es ein Scherz gewesen wäre und ich den ganzen Weg umsonst gegangen wäre, was wird er von mir halten, wenn ich zu spät komme?)* . Aber nach ein paar Informationen war ich an seiner Tür. Es öffnete sich und dahinter war ein alter Mann, der mich einlud, zurückzukehren. Er hatte ein breites Lächeln und sagte mir nicht, dass ich zu spät komme.

Sein Haus war mit alten Möbeln gefüllt, aber ich konnte diesen nicht wirklich ein Jahr geben, ich weiß nur, dass sie alt waren. Es gab keinen Fernseher, aber dieser Mann hatte eine große Bibliothek, die den Eindruck erweckte, aus einer anderen Zeit zu stammen, weit entfernt von allen modernen Geräten, aber dennoch war der Ort einladend. Er lud mich ein, mich auf einen dieser alten Sessel zu setzen, die mit einer Decke bedeckt waren.

Die Diskussion war lang und er freute sich über einen Besuch. Es ist wahr, dass der Ort isoliert war. Er bot mir den Kaffee an und kehrte zu dem Gegenstand meines Besuchs zurück.

Er kannte die Frau, die mich im Casino in Chamonix kennengelernt hatte, sehr gut und stellte fest, dass es sich um eine Person handelte, die oft in Bewegung war und dass die Chance sehr gering war, sie wiederzusehen.

Er erhob sich jedoch von seinem Stuhl und

ging zu einem Schrank. Die Türen knarrten, als er sie öffnete, und er nahm ein Notizbuch heraus.

Er erzählte mir auch, dass alles, was ich sehe, nur sehr wenige Menschen ihn kennen und er möchte, dass ich mit anderen Menschen teile, was ich entdecken werde.

Meine Neugier war geschürt und ich kann nicht anders, als ihm diese Frage zu stellen:

y - Warum ich? Wie kann ich etwas zur größten Anzahl bringen?

Er antwortete mir folgendes:

"Im Inneren gibt es mehr als ein Geheimnis zu entdecken, und es darf nicht in alle Hände gelegt werden!"

Also gab er mir dieses Notizbuch und wusste nicht, wie ich meine Entdeckungen teilen sollte.

Dieses Notizbuch war ein sehr altes

Manuskript, eine Art Tagebuch mit dem Titel "Handbuch des Verstandes", nur der Titel, ich fand es seltsam, aber drinnen werde ich es später herausfinden, und du wirst es darin wissen mehr als nur ein Handbuch.

Als ich das Notizbuch durchblätterte, stellte er mir die folgende Frage:

i «-" Was machst du im Leben junger Mann? "

y: "- Ich arbeite in der Industrie als Operator!"

i "Und Sie erwarten keine Verbesserung? Haben Sie Projekte?"

Y "Ich hatte es, aber mit der Zeit habe ich mich abgefunden!"

i "Doch Sie sind sich nicht bewusst, wozu Sie in der Lage sind! Das Problem ist nicht außen, sondern innen, Sie müssen nach innen schauen!"

Anfangs war ich ein bisschen verwirrt, aber als ich weiter las, verstand ich schnell, was er damit meinte.

Es gab auch ein altes Foto, das als Lesezeichen diente, dahinter stand eine Inschrift: *"Ed. J. Carly - 1934"*, zumindest schien es so, als sei die Tinte auf dem Umschlag des Notizbuchs abgerieben . Auf dem Foto war ein Mann in seinem Büro, der mit den Händen auf dem Tisch stand, lächelte und von Menschen umgeben war. Ich weiß nicht, ob es seine Familienmitglieder oder die Angestellten von einem von ihnen waren. Firma, nichts angegeben, ich weiß nicht einmal, bei welcher Gelegenheit es genommen wurde.

Um zu diesem Tagebuch zurückzukehren, wurde es für einen ganz bestimmten Zweck geschrieben, um geteilt zu werden. Es war alles Teil eines Prozesses, der niemals unterbrochen werden sollte.

Seitdem bin ich in einen Prozess verwickelt, den ich respektieren muss. Deshalb habe ich angefangen, Bücher zu schreiben. Die Bedingungen waren sehr genau. Mein Beitrag würde mir das meiste im Leben in die entgegengesetzte Richtung bringen. Ich riskiere, alles zu verlieren. und es wird für mich unmöglich sein, einen Rückzieher zu machen.

Meine Aufgabe ist es, das Geheimnis der größten Zahl zu enthüllen, ebenso wie diejenigen, die mir vorausgegangen sind, und ich kann nicht von der Regel abweichen. Es ist die ultimative Voraussetzung, um mich zum Erfolg zu führen, daher der Titel meines ersten Buches.

Sie werden den Inhalt dieses Notizbuchs hier auf diesen Seiten entdecken, und wenn ich Ihnen eines raten kann, wenn Sie es einmal geschafft haben, die Weitergabe zu bestehen, und egal, wie Sie es tun werden, bin ich es Ich bitte dich nur, es zu tun. Wie ich werden Sie sehr schnell verstehen, warum.

Dieses Buch ist eine Adaption der Texte aus dem Notizbuch, es entspricht nicht der Zeit, als es geschrieben wurde, sondern gibt den Inhalt so originalgetreu wie möglich wieder.

Die Texte wurden gerade an die Nachrichten angepasst, aber der Zweck bleibt derselbe, was ich Ihnen erzählen werde, ist eine fabelhafte Geschichte, und es ist Ihre, Sie werden einer der Schauspieler dieses Buches, die ich als ziemlich mächtig empfinde.

Ich lasse Sie den Inhalt dieses Notizbuches entdecken! Fröhliches Lesen !

KAPITEL 3:
DIE MATRIX

"Das neue evolutionäre und fortschrittliche Paradigma besteht darin, das kollektive Bewusstsein zu verändern, um es voranzutreiben."
(Daniel Vallat)

Jeder ist der Schauspieler seines eigenen Lebens.

Wenn dein Leben anders gewesen wäre, würdest du es mögen?

Ihr Leben ist wie ein Buch, dessen einziger Autor Sie sind, mit einer Ausgangssituation, einem störenden Element (nicht dem, an das man glaubt), Abenteuern, einer ausgleichenden Situation und einer endgültigen Situation.

Wenn alles einen Anfang hat, müssen wir zu den Ursprüngen unseres Seins zurückkehren, um zu verstehen, wer wir sind und warum wir die Welt auf eine bestimmte Weise wahrnehmen.

Zu Beginn aller Existenz gibt es eine Geburt, deine oder meine, Jungfrau aller externen Informationen. Unser Gehirn ist bei der Geburt leer, es nimmt den Ton und etwas später die Bilder wahr

Paradigma

Weißt du was das ist ? Dies sind die wichtigsten Informationen, die wir alle von Geburt an erhalten haben.

Diese Information gibt uns einen guten oder schlechten Glauben, eine Analyse der Außenwelt, die uns eine Wahrnehmung von allem gibt, was wir danach leben werden.

Wir sind alle sehr spezifisch auf Erfolg oder Misserfolg programmiert, und während wir wachsen, stärken wir diese Überzeugungen und die Wahrnehmung, die wir vom Leben haben.

Dieses Paradigma ist die Matrix unseres Schicksals, es wird dank oder wegen unserer

Umwelt gemacht. Es ist eine Reihe positiver oder negativer Überzeugungen, deren Wurzeln von dem stammen, was wir Primärinformationen nennen.

Die primäre Kodierung dieses "Paradigmas" existierte bereits im Bauch Ihrer Mutter, weil Sie zu dieser Zeit eins mit dem waren, der Sie trug. Es arbeitete mit einer Frequenz, die es mit Ihnen im selben Schwingungsfeld teilte. Aufgrund dieser Umgebung bekommen wir emotionale Programmierung.

Daher vibrieren wir auf demselben Raum mit der gleichen Frequenz, und dies in den neun Monaten bis zur Geburt. Wenn wir dieselben Merkmale wie unsere Eltern erben, nämlich dieselben physischen Merkmale unseres Vaters oder unserer Mutter, ist der Rahmen unseres Paradigmas eindeutig eingeschlossen.

Von unserem ersten Tag an gibt es eine neurologische Assoziativität zwischen den bereits gut verankerten Emotionen und den primären Informationen. Alles, was wir lernen, ist Freude, Angst, Ekel oder Vergnügen, und dies in den ersten Jahren unseres Lebens, bis um die Alter von 5 bis 7 Jahren, da sich nicht jeder im gleichen Tempo ändert, werden diese primären Überzeugungen im Laufe der Zeit transformiert oder konsolidiert.

Später, als wir gehen konnten, haben wir alle Fehler gemacht und unsere Eltern haben uns korrigiert und unbewusst dieses Gefühl der Angst erzeugt, immer durch die Neuro-Assoziierbarkeit, die Verbindung zwischen Handlung und Konsequenz, die den Samen in deinem Fieber wachsen lässt Denken Sie an alle Formen von Gefühlen.

Paradoxerweise werden unsere primären Überzeugungen aus unseren Emotionen geboren, neuroassoziative Reize bestehen aus neuen Überzeugungen, sie sind sowohl gereift als auch in einer anderen Form.

Kurz danach wachsen wir weiter mit den Überzeugungen, die einmal im Geist verankert waren. Wir haben unbewusst unser eigenes Schwingungsfeld geschaffen, das bei höheren oder niedrigeren Frequenzen gemäß den etablierten Überzeugungen wirkt.

Diese Frequenzen wirken sich auf unseren Organismus und unsere Umwelt aus, sie sind entweder positiv oder negativ und hängen mit unserem Paradigma zusammen, das als Leuchtfeuer dient und mit einer Nabelschnurform zwischen Geburt und unseren gegenwärtigen oder zukünftigen Handlungen verbunden ist.

Unter der Annahme, dass wir im Laufe der Zeit verhärtet sind, genügt es, durch einen Unfall oder andere Umstände emotional geschockt zu sein, um zurückzubringen, was wir für verschwunden hielten. Diese Emotionen haben eine Matrixform, die sich aus all Ihren Überzeugungen und Ihrem Paradigma zusammensetzt, und diese Form entwickelt sich mit der Zeit, aber die Wurzeln sind dieselben.

Alarmsignale bleiben bestehen, wenn wir uns entschließen, die Richtung im Leben zu ändern, was uns an unseren Fähigkeiten zweifeln lässt, da Emotionen, Angst vor Urteilsvermögen oder Versagen hauptsächlich verankert sind.

Wir können verschiedenen Methoden der persönlichen Entwicklung folgen und versuchen, die Richtung zu ändern, aber wenn wir unser Paradigma nicht ändern, ist es fast unmöglich, die Richtung zu ändern, alles wird auf dauerhafte Misserfolge reduziert.

Das Handbuch des Geistes beginnt mit diesem Teil, weil es der Ursprung ist, und es ist das Wichtigste, schließlich, denke ich, wollte der Autor diesen Punkt hervorheben und ich verstehe seine Logik sehr klar. Es ist interessant, das Problem von Anfang an aufzugreifen, sich die Mittel zu geben, sich in psychologische Zustände zu versetzen, um die Gesetze des Universums zu seinem Vorteil und nicht im Gegenteil zu nutzen.

Alles, was in unserem Leben passiert, ist auf diese Reihe von traurigen oder glücklichen Ereignissen zurückzuführen. Es würde erforderlich sein, die gesamte Wahrnehmung zu ändern, die wir in unserem Leben hatten. Es ist eine enorme Arbeit, die Sie an sich selbst leisten müssen, und ich möchte, dass Sie dies verstehen, wenn Sie möchten, dass sich die Dinge in Ihrem täglichen Leben verbessern, nicht länger ein Verlierer, sondern ein Gewinner sein.

Das heißt, es ist möglich, diese Codierung durch einen Prozess zu ändern, den ich "Ablösung" nennen würde. Wir werden das etwas später sehen.

Sie haben so viele negative Informationen über sich selbst gesammelt, die Sie zu der Person gemacht haben, die Sie jetzt sind, und je mehr Jahre vergehen, umso mehr wächst sie in dieselbe Richtung.

Es wird schwierig sein, diesen Mechanismus auf seinem Weg zu stoppen, es sei denn, Sie ändern den Kurs, um ein besseres Ziel zu erreichen.

Es gibt Überzeugungen, die Sie dazu veranlasst haben, zu glauben, dass Sie sich vor einigen Menschen in Acht nehmen müssen, um diejenigen zu hassen, die im Leben erfolgreich waren, durch diejenigen in Ihrer Umgebung, die für Sie eine Schule des Lebens waren (natürlich ihre).

Die Information, die wir bekamen, war, dass man dieses oder jenes Individuum mögen oder hassen musste, dass es gut oder schlecht war, auf eine bestimmte Weise zu handeln.

Zusammenfassend lässt sich sagen, dass das Leben, das Sie leben, nicht Ihr eigenes ist, es gibt keinen freien Willen, sondern eine Wiederholung der Situationen, die zuvor von Ihren Eltern, die keine Chance auf Hoffnung hatten, von Ihren Freunden und Beziehungen von klein auf bestanden haben.

Unfälle des Lebens, die Phobien aller Art verursacht haben und deren Quelle Sie nicht kennen.

Zum Beispiel Menschen, die Angst vor Katzen oder Spinnen haben, weil sie gestochen oder zerkratzt wurden, weil sie klein sind.

Dies ist schwieriger zu behandeln, insbesondere wenn es Teil des Paradigmas ist, wenn die Information negativ ist, wird es eine sogenannte "primäre" Neuroassoziation geben.

Wenn die Matrix Ihres Lebens eine Farbe wäre, wäre sie rot oder blau. Einer steht für Angst und der andere für Vertrauen. Die Informationen, die Sie später haben werden, wenn sie gelb sind, werden als grüne oder orange Farbe interpretiert, wodurch ein Gefühl entsteht, das mit derselben Matrix verbunden ist.

Dieses Gefühl wird durch die Überzeugungen anderer verstärkt, die Ihnen ihre Wahrheiten beigebracht haben. Sie befinden sich sehr genau in einem kollektiven Umfeld, in dem sich viele Menschen befinden, die eine ähnliche Erfahrung wie Sie machen.

Es scheint, dass es zwei Welten gibt, die eine, in der Sie leben, gefüllt mit bescheidenen Menschen, die Ihnen nur beibringen, was sie über ihre Realität wissen, und die andere, die Sie kritisieren, ohne dass Sie den weniger freien Willen dazu haben .

Der Schneemann

Als ich jünger war, machten wir wie alle Kinder, zumindest diejenigen, die den Schnee kannten, Schneemänner.

Auf den ersten Blick sieht es aus wie ein winziger Schneeball in Ihrer Handfläche, ob kompakt oder nicht.

Wenn ich nur Pulver nicht verdichtet hätte, hätten wir den Verdacht, dass der Effekt Null ist, unmöglich, auf dem Schnee überhaupt zu rollen.

Wenn Sie dagegen einen kompakteren Ball festigen und formen, indem Sie ihn auf dem Schnee rollen, wächst er durch die Akkumulation.

Nehmen Sie ein Beispiel von dem, was ich gerade erwähnt habe: Schnee ist Ihr Leben. Wir können ihn festigen und vorantreiben.

Wenn es unterwegs Kieselsteine oder andere gibt, wird die große Masse, die den Körper bilden soll, mit denselben Kieselsteinen oder anderen gefüllt.

Sie sind die Hälfte des Schneemanns und alles, was sich darin befindet, sind die negativen Informationen, die sich dort ansammeln können.

Wenn Sie zu Beginn der Überzeugung sind, dass Sie tot sind, dass Sie nichts erreichen werden und dass Sie bestimmte Personen im Auge behalten, Angst vor Katzen haben oder die erfolgreichen Menschen hassen müssen, haben Ihre so gewonnenen Überzeugungen Auswirkungen auf den Rest Ihres Lebens.

Sie haben sich über dich lustig gemacht, sobald du gesprochen hast, oder du hattest keine Affinität zu den Mädchen in deiner Schule, und sie haben sich auch über dich lustig gemacht, es hat dich in dcinc Muschel eingeschlossen, dich schüchtern gemacht und schwierige Situationen geschaffen, die damit zusammenhängen.

Sie erinnern sich vielleicht nicht daran, aber wenn Sie sich in dieser Situation befinden, ist dies darauf zurückzuführen, dass irgendwo schlechte Informationen in Ihnen verblieben sind. Dies hat sowohl Ihre affektiven als auch Ihre beruflichen Beziehungen zerstört, da Sie, wenn Sie vorhaben, ein Verkäufer mit Angst im Magen zu werden, dominieren anstatt dominiert zu werden, und ohne Talent sprechen, weil Sie im Vergleich zu anderen unterschätzt haben. Es ist eine ganze Reihe dieser kleinen Dinge, die die Person ausmachen, die Sie gerade sind.

Du wirst mich fragen "wie?"

Es ist sehr einfach (nun, ich sage das für die Art, wie ich es dir erklären werde)

Nehmen Sie etwas zum Schreiben, ein Blatt Papier und einen Stift und schreiben Sie alle Aspekte Ihres gegenwärtigen Lebens in Bezug auf die Außenwelt auf. Wenn die Leute Sie auf eine bestimmte Weise betrachten, haben Sie nicht viel Geld, Ihre beruflichen und romantischen Beziehungen sind schwierig, und gleichzeitig denken Sie in Ihrem Kopf an all diese äußeren Aspekte und fragen sich "warum?"

Beschuldigen Sie nicht die Außenwelt, es ist nur ein Spiegelbild dessen, wer Sie sind, nach dem Grund, warum sie so mit Ihnen handeln.

Es geht darum, die Gründe zu kennen, die sie dazu bringen, unsympathisch oder sympathisch mit Ihnen umzugehen.

Beispiel:

Sie haben Probleme, Liebe zu finden
Warum ?
Weil du es nicht wagst!
Warum ?
Weil du schüchtern bist!
Warum ?
Weil die Mädchen in Ihren Schulen schlecht mit Ihnen waren, als Sie jung waren
Warum ?
Sie wussten nicht, wie Sie sich ihnen nähern sollten.
Warum ?
Weil du nicht gelernt hast!
Warum ?
Weil es dir niemand gezeigt hat!
Warum ?
Weil du es nicht gewagt hast, für dich selbst zu lernen!

Warum ?
Ihre Sinne waren auf eine negative Vision dieser Mädchen ausgerichtet, als Sie zum ersten Mal eine sahen!
Warum ?
Deine Mutter oder Schwester hat dir vom ersten Tag deines Lebens an ein schlechtes Bild von ihnen gemacht!

Siehst du? Wir kommen auf die Quelle des Problems, das Ihre gegenwärtigen Schwierigkeiten ausmacht, und auf den Grund, warum Ihre romantischen oder beruflichen Beziehungen schwierig sind.

Das heißt, Sie sind nicht direkt verantwortlich für Ihre Handlungen oder Überzeugungen, die Sie während Ihres gesamten Lebens angehäuft haben und die von einem Ort stammen, dem "Paradigma".

Dazu müssen wir unser internes Tag ändern, ein neues erstellen und ab diesem Zeitpunkt neue Verbindungen in unserem Kopf herstellen, die Neuroassoziativitäten neu definieren. Wir müssen uns an eine Sache erinnern, jedes Ereignis in unserem Leben hilft uns, voranzukommen, wir müssen es voll ausnutzen.

Ich gebe dir einen der mächtigsten Schlüssel im Universum!

"Hör auf, dich anderen unterlegen zu fühlen!"

Wie solltest du sein Wegen der Studien, die sie gemacht haben? Größe oder körperliche Stärke?

Wir sind alle Teil derselben Gesellschaft, in der es Starke und Schwache gibt, die jeweils eine Rolle in dieser Welt spielen müssen. Aber warum zum Teufel hast du es nicht verdient, in das Lager der Forts einzutreten? Du bist genauso wie jeder andere in deinem täglichen Leben, das heißt, zwei Arme, zwei Beine und ein Kopf, du blutest, wenn du schneidest, genau wie sie, aber was ist da? Eine großartige Sache an unserem Universum ist, dass unser Körper gibt uns die Kraft der Interaktion.

Das einzige, was sich ändert, ist die Frequenz,

die Sie im Vergleich zu anderen ausstrahlen! So gesagt, es ist immer noch nicht klar genug, aber seien Sie versichert, ich werde es erklären!

Wenn Sie zum Beispiel ein Unternehmen gründen möchten und Ihnen das Selbstwertgefühl fehlt, endet es mit einem Fiasko (ich war dort!). Warum?

Seit Sie auf die Welt gekommen sind, gab es immer jemanden über Ihnen, seien es Eltern, Schullehrer oder Wirtschaftsführer. Ihnen wurden Werte beigebracht, von denen einige unbegründet sind und Sie von einem System abhängig machen.

Dann, während Ihres ganzen Lebens, und ich spreche unverblümt, **haben Sie Ihren Rücken gesenkt** und Gelegenheitsarbeiten von rechts nach links ausgeführt, mit Vorgesetzten oder Vorgesetzten, die Sie herabgesetzt haben, und Sie an Ihren Platz zurückgebracht, sobald Sie den Ton erhöhen wollten (bin ich dabei) das stimmt?), kurz gesagt, keine evolution.

Es ist schwierig für dich, auf einen Vorgesetzten wütend zu werden, weil du dir seiner Überlegenheit bewusst bist: "Wie kannst du es wagen, unglücklich zu sein?" Wenn du dich weniger in dir selbst fühlst als in einem anderen, ist es klar, dass du dich nicht weiterentwickeln wirst!

ERHÖHEN SIE IHRE SCHÄTZUNG!

Einige werden sagen: "Ja, ich bin stolz auf mich selbst!" Aber darüber möchte ich nicht sprechen, wir können stolz auf uns selbst oder andere sein, ohne dass ein Narzisst oder ein anderer Mensch sich unterschätzt fühlt.

Seitdem Sie Ihre Stimme erheben und feststellen, dass Sie einen Vorgesetzten vor sich haben, warum versuchen Sie nicht das Gegenteil? Das heißt, versuchen Sie, gute Beziehungen aufrechtzuerhalten, indem Sie sagen: "Ja, Chef! Aber dieses Mal werden Sie sich über ihm fühlen, über ihm fühlen, und ich kann Ihnen versichern, dass es gefühlt wird, und ich kann mich weiterentwickeln.

Nimm eine Pfanne Wasser und gieße Öl hinein. Was siehst du? Ölkreise gibt es groß, mittel und klein.

Was Sie dort sehen, ist der Platz von jedem im Universum, es gibt stärkere und andere schwächere, die jeweils mit einer anderen Frequenz vibrieren. Die menschliche Gesellschaft ist so aufgebaut, es gibt Kehrer, Ingenieure, Chefs, Präsidenten usw.

Wo ist dein Platz dort? Fühlst du dich (was du fühlst) stärker als einige und schwächer als andere?

Solange Sie das Gefühl haben, einem Wirtschaftsführer unterlegen zu sein, werden Sie es niemals werden, oder Sie werden das Experiment ausprobieren und sich nach ein paar Monaten das Gesicht brechen, oder bestenfalls ein Jahr davor von Schulden überwältigt.

Das Universum sendet Ihnen die folgende Meldung: "Sie dürfen nur das tun, wofür Sie bestimmt sind!", Das heißt, in Bezug auf die Beziehungen, die Sie zu anderen haben.

Ich lade Sie jetzt ein, sich überlegen zu fühlen, ohne dass Sie es zeigen, das zu tun, was Sie täglich tun müssen, und Sie werden sehen, dass sich die Beziehungen ändern und nicht länger unterwürfig sind!

Je mehr Ihre Schwingung zunimmt und je mehr sich Ihr Leben ändert, nur indem Sie Ihre Umgebung anders fühlen!

Wenn Sie genug Selbstvertrauen gewonnen haben, erhöht sich das Selbstwertgefühl.

Wenn Sie dies nicht zuerst tun, was auch immer Sie tun, wird es fehlschlagen.

Was Ihr Verhältnis zum Geld betrifft, müssen Sie zuerst Ihre Ausgaben respektieren und keine Schwierigkeiten mehr suchen, wie ich zu Beginn sagte, aber das ist noch nicht alles!

Nehmen wir zum Beispiel Öltropfen in der Pfanne, es gibt kleine und größere Kugeln.

Versuchen Sie ein Stück 2 € auf einen Tropfen Öl mit einem Durchmesser von einem Stück 0,10 € zu geben, es passt nicht! Aber das Gegenteil wird möglich sein, wir könnten zwei Stück von 0,10 € in einen Durchmesser von 2 € stecken. Verstehst du besser

Machen Sie den Test für meinen Teil, ich weiß, dass es funktioniert! Bedingen Sie Ihren Verstand, geistig einem Führer überlegen zu sein (dies muss in Ihrem Herzen bleiben), und auch anderen Menschen um Sie herum, fühlen Sie diese Überlegenheit, bewahren Sie dies für Sie auf! Löschen Sie diese Unze des Zweifels von Ihrem Verstand, es ist sehr wichtig, und denken Sie immer an diese menschliche Überlegenheit! Wirst du unter diesen Bedingungen ein Gewinner sein? Ohne einen Schatten eines Zweifels!

Wenn dies nicht der Fall ist, müssen Sie sich selbst besser überzeugen, weil Sie immer noch Opfer dessen sind, was ich "versteckter Zweifel" oder "latentes Denken" nenne.

Aber da alles im Universum eine Schwangerschaftsperiode hat, sollte alles zu gegebener Zeit geschehen! Wenn es beim ersten Mal nicht funktioniert, fühlen Sie sich aufgrund von Änderungen in Ihrer Umgebung im Durchschnitt zum richtigen Zeitpunkt. Ich würde sagen, dass es zwischen 30 und 90 Tage dauert, bis die ersten Transformationen sichtbar werden.

Vergiss das nicht, du bist der Autor dessen, was dir in deinem Leben passiert! Und alles, was um dich herum ist, ist nur das Spiegelbild deiner inneren Welt, was passieren wird, du wirst neue Leute treffen, die ein bisschen wichtiger sind als die, die du normalerweise triffst! Und dies wird die Darstellung von dir selbst sein! Es ist Magie, nicht wahr?

Ich würde dies hinzufügen, und andere Autoren zu diesem Thema werden sich mir in diesem Punkt anschließen, viel lesen! Bilde dich! Kultur wird Ihnen helfen, Vertrauen zu gewinnen, und Sie werden nicht zögern, mit

Menschen zu sprechen, die Ihrer Meinung nach besser ausgebildet sind.

Noch eine Sache (ich habe dir gesagt, das Thema ist riesig!): Respektiere deine Umgebung so, wie du es gerne hättest! Wenn Sie zum Beispiel Ihren Chef nicht mögen, ist es, als ob Sie sich selbst nicht lieben, es ist die Spiegeltheorie, jede ist das Spiegelbild einer anderen.

Behandle die äußeren Elemente gut, denn es ist deine Welt, wenn du zum Beispiel schlecht über deinen Chef denkst und sagst, dass es ein Henker ist, unbewusst wird es bei dir sein, und mehr wirst du dies aufrechterhalten und so lange wird es so bleiben! Vergessen Sie niemals, dass Sie dank Ihres Geistes und aller äußeren Umstände enorme schöpferische Kraft haben. Sie sind es, die sie verwirklichen! Der verbitterte Concierge, der Bäcker, der Ihnen verkohltes Brot macht, der Mangel an Glück, die vollen Parkplätze, schließlich kommt alles von einem Ort, es kommt von Ihnen, dem einzigen Schöpfer Ihrer Realität. Versuchen

Sie, Ihr Leben zu überdenken, es anders zu sehen, und es wird anders sein.

KAPITEL 4:
ÜBERBLICK

"Der Mensch ist das Universum im Kleinen. Der Mensch und die Welt sind voneinander abhängig. Der Mensch ist der Garant für das Gleichgewicht der Schöpfung."
(Amadou Hampâté Bâ)

Hier ist eine kleine inspirierende Geschichte:

Als ein älteres Ehepaar im Südwesten Frankreichs sich auf eine Reise nach Burgund vorbereitete, heiratete sein kleiner Sohn in wenigen Tagen und sie mussten ihre Koffer packen.

Früher standen sie sehr früh auf, und gleichzeitig war die Begeisterung sehr groß, weil sie ihn und ihre Tochter schon lange nicht mehr gesehen hatten.

Nach einer guten Nachtruhe war es 5 Uhr morgens, alle schliefen noch in der Residenz, sie nahmen ihre Koffer, kamen aus ihrem Haus und luden sie in den Kofferraum.

Das Auto fährt los und beginnt die Straße zu gehen, die sie von ihrem Ziel trennt. Während der Fahrt läuft alles gut. Sie beschließen, auf einer Autobahn eine Pause einzulegen, um ein Stück zu essen.

Doch bald gerät die Begeisterung in Panik, die Frau hatte ihre Handtasche zu Hause vergessen und sie waren bereits mehr als 200 km von zu Hause entfernt.

Dann fragte der Ehemann sie, ob sie es nicht in den Kofferraum gelegt habe.

Sie hat geantwortet:

"Nein, ich versichere dir, er hing am Eingang an einem Nagel."

Der Ehemann murrte:

"- Konntest du nicht aufpassen?"

Und die Frau antwortete im gleichen Ton:

"Du hättest mich zum Nachdenken bringen können!"

Die Atmosphäre war elektrisiert, es gab eine Flut von Vorwürfen von beiden, jeder kampierte auf seinen Positionen. Und je mehr sie antworteten, desto heftiger wurde die Auseinandersetzung, so dass der Ehemann seine Wachsamkeit verlor und beide einen Unfall hatten, da das Auto auf einen Baum gefahren war.

Das Gesetz der Anziehung ist genau wie bei diesem alten Ehepaar, alles, was wir an das Universum senden, kommt mit der gleichen Intensität zu uns zurück. Und wie bei allen Streitigkeiten kann es sehr schnell zu einer Degeneration kommen, wenn der eine oder andere nicht versucht, das Spiel zu beruhigen.

Das Gesetz der Anziehung ist eines der Gesetze des Universums, und es ist nützlich, sie gut zu kennen, denn selbst wenn es eine große Kraft hat, dürfen die anderen Gesetze nicht vernachlässigen, alles, was Sie sich wünschen, für Sie anzuziehen.

Die Frequenzen des Universums

Wer ist das Universum? Die Antwort ist einfach: Es geht um sich selbst oder zumindest darum, dass Sie ein Teil davon sind, das Teil eines sehr großen Puzzles, das mit anderen Elementen dieses Sets in einer bestimmten Frequenz vibriert.

Um Ihnen die Frequenzen zu erklären, existieren sie in zwei Formen, positiven und negativen Wellen. Und je nach Intensität wird das, was wir hoffen oder befürchten, eintreten oder nicht!

Während unseres Lebens sammeln wir viel Ressentiments gegenüber dem Leben, wir werfen vielen Dingen um uns herum Vorwürfe vor, aber wir wissen weniger, dass alles, was wir erleben, wie eine Botschaft an das Universum schwingt, aber schließlich, wer weiß, was das Universum ist repräsentiert?

Er ist überall um uns und in uns, und ob durch

Worte oder Gefühle, wir senden ihm Botschaften in Form von Frequenzen.

Die Wechselwirkungen Ihrer inneren und äußeren Welt sind eine Manifestation dieser Frequenzen, sie vibrieren in Harmonie.

Sie sind auf der gleichen Frequenz kalibriert wie das Universum. Damit meine ich, dass alles, was Sie an das Universum senden, von dessen materiellem oder immateriellem Äquivalent zurückgegeben wird.

Sie fühlen sich nicht sicher, manche fühlen es, was Sie für nicht sichtbar halten, aber was Sie ausstrahlen, ist spürbar, es entsteht in Ihnen eine Energie, von der Ihr Umfeld profitieren wird (wenn Sie zum Beispiel kein Vertrauen haben), oder Sie respektieren (wenn Sie mit sich selbst und anderen vertraut sind).

Darüber hinaus ziehen Sie alle Personen an, die auf der gleichen Frequenz arbeiten wie Sie.

Die Gesetze des Universums wirken bei höheren oder niedrigeren Frequenzen, es gibt einen Sender und einen Empfänger, die innere und äußere Welt tauschen die gleichen Wellen aus, es ist die Harmonisierung und reagieren in Zeit und Raum.

Wenn Sie zum Beispiel das dominierende Gefühl der Angst haben, das mit dem Besuch eines Gerichtsvollziehers verbunden ist, wird dies passieren. Auf der anderen Seite, wenn Sie ein erfolgreiches Leben führen möchten, aber mit einem sehr schwachen Enthusiasmus, wenn Sie tief im Inneren sagen, dass es nicht passieren wird, dann wird das auch passieren. Um etwas zu wollen, muss man das brennende Verlangen verspüren, das heißt zum Beispiel, wenn man Musik in seinem Radio mag, aber der Klang sehr leise ist, wird man es nicht schätzen, den Lautstärkeregler drehen und die Magie wird funktionieren ! Ein stärkeres Signal verstärkt das Gesetz der Anziehung.

Angst und Aufregung sind zwei gegensätzliche Gefühle, die mit hohen Frequenzen an entgegengesetzten Enden wirken. Wie der Nordpol und der Südpol gibt es zwei Extreme.

Was den Prozess der Verwirklichung von Wünschen verhindert, hängt auch mit mangelnder Betonung zusammen. Es ist, als ob Sie beispielsweise an Auswahltests teilnehmen, um Schauspieler in einem Stück zu werden. Wenn Sie Ihren Text flach rezitieren, wie Sie es in der Schule getan haben, ohne das dominante Gefühl, das mit dem Körper verbunden ist, wenn Ihnen die Authentizität in dem, was Sie spielen, fehlt und Sie es nicht glauben, wird die Jury, die beauftragt wurde, den guten Schauspieler zu rekrutieren, Ihnen dies mitteilen. *" nach Hause gehen! "*

Was Sie lernen müssen, um zu dominieren, ist Ihre Angst vor morgen und Hoffnung und Begeisterung. Denken Sie immer an ein Ziel und glauben Sie fest daran, ohne die Frage zu stellen, warum und wie es passieren wird.

Dazu müssen Sie die Cursor bewegen, die der Angst nach unten und die der Begeisterung nach oben, um ein Ziel im Auge zu behalten, und Sie müssen aufgeregt sein, die Fortsetzung zu kennen, mit der großen Hoffnung, dass dies trotz der Tatsache wahr wird Kleinigkeiten des Lebens, die gemildert werden müssen, indem nach Lösungen gesucht wird, anstatt sich Sorgen zu machen.

Die Fliesen im Leben, es passiert, aber wir dürfen nicht dramatisieren oder ihre Bedeutung erhöhen, was getan werden muss, ist zu sagen, dass alle Schwierigkeiten gelöst werden können und fest zu glauben, wenn Sie von ganzem Herzen glauben, dass dies gelöst wird, dann , es wird auf eine Art und Weise gelöst, oder die Möglichkeiten des Universums sind vielfältig.

Das Universum ist unendlich, und wir dürfen uns nicht einschränken, über das hinausgehen, für das kämpfen, was wir wollen. Es ist nur für Sie, dass die Verantwortung für das liegt, was Sie wirklich wollen, und es liegt auch an Ihnen, das zu bekommen, was Sie wollen. Nimm alles, was du brauchst, und handle in der Konsequenz, lass dich nicht durch äußere Ereignisse destabilisieren, was nur die Materialisierung deines inneren Wesens ist.

Willst du etwas aus dem Universum? Also tu alles in deiner Macht stehende, um dorthin zu gelangen! (Ich zeige dir wie am Ende des Buches).

Wenn Sie auf dem gleichen Kurs bleiben, ohne zu zögern oder sich auf dummes Verhalten einzulassen, werden Sie es bekommen, wenn Sie diese innige Überzeugung haben, dass es passieren wird, und indem Sie trainieren, die Begeisterung zu erzeugen, die Sie brauchen.

Das folgende Diagramm zeigt Ihnen technisch, wie das Universum funktioniert.

Die Frequenzen des Universums

Schema der Angst

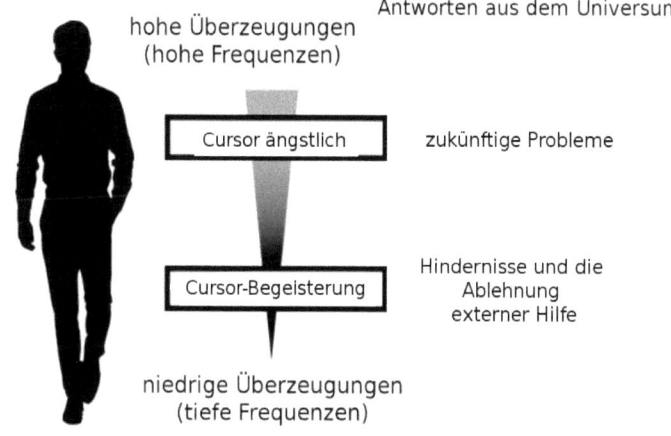

Schema der Begeisterung

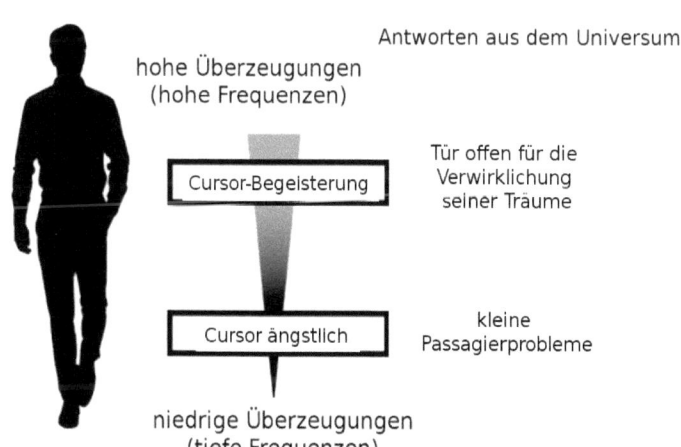

Was ist Begeisterung?

Oder wie kann man dieses Gefühl erleben? Viele haben vergessen, begeistert zu sein, haben sich damit abgefunden, diese Art von Emotion zu spüren, es scheint eine ferne Erinnerung zu sein.

Aber denken Sie daran, dass das letzte Mal, als Sie ungeduldig auf den Besuch des Weihnachtsmanns gewartet haben, für die meisten von Ihnen ein langer Weg in der Jugend zurückliegt, und danach hat sich das Leben von Träumen und Illusionen weit entfernt.

Ich möchte, dass Sie sich an diese Momente Ihres Lebens erinnern, an die Hoffnung, ein lang ersehntes Geschenk zu erhalten, Ihren Herzschlag zu spüren und Ihren Kopf voller Träume zu haben, um benommen zu werden Ich habe immer daran gedacht, als ich jung war, meine Augen waren voller Sterne.

Versuchen Sie sich an jene Momente zu erinnern, in denen Sie dieses Gefühl verspürt haben, denken Sie an etwas, was Sie wollen, hoffen Sie, dass es passieren wird, konzentrieren Sie sich darauf, verstärken Sie den Zweck Ihrer Wünsche und bringen Sie den anderen Teil Ihres Geistes zum Schweigen, der Ihnen zuflüstert: *„Nein, das wird es nie Arbeit!"*.

Schweigen Sie diesen Gedanken, würgen Sie sie, sie redet zu viel! Und schätzen Sie diesen Wunsch jeden Tag, als würde er passieren, ohne ein Datum festzulegen, nur dass er eines Tages eintreten wird.

Um den Vergleich mit der Angst zu machen, dass etwas passieren wird, ist dies oft passiert. Warum sollte es dann nicht mit Begeisterung funktionieren? Denk darüber nach!

Begeisterung, Glück und Liebe haben eine starke Anziehungskraft, aber was Sie blockiert, sind Ihre alten Überzeugungen in Form von Gedanken, die tief in Ihnen verborgen sind. Dieser winzige Zweifel ist in deinem Verstand verwurzelt.

Sie sind der Meister Ihrer Gedanken und Ihrer Realität, alles, was um Sie herum geschieht, Sie provozieren es, ohne sich dessen wirklich bewusst zu sein, aufgrund einer schlechten Wahrnehmung der Außenwelt und Ihrer eigenen Person.

Lerne, dich anders zu sehen und die Welt um dich herum anders zu betrachten, und wenn du dich selbst überzeugen kannst, bist du in einer anderen Welt, aber es wird die gleiche sein, mit der Ausnahme, dass sich die Bedingungen geändert haben.

Die Spiegeltheorie

Das Universum ist ein gigantischer Spiegel, der uns ein Bild sendet, und im Allgemeinen ist es nicht der, den wir erwarten.

Wenn wir zu viel von uns selbst und unserem Komfort halten, um uns selbst als überlegen zu betrachten, erzeugen wir ein eifersüchtiges Verhalten unserer Freunde oder Verwandten.

In der Tat möchten wir jemanden als altruistisch mit egoistischem Verhalten darstellen. Und was passiert mit der Spiegeltheorie? Das Bild, auf das wir uns beziehen, ist das von egoistischen Menschen, die Altruisten sind. Stellen Sie sich die Betrügerei vor? Alles, was Sie umgibt, ist von Kopf bis Fuß und bis auf die Fingerspitzen nach demselben Muster aufgebaut. Das Bild, das Sie erhalten, ist genau das, was Sie sind!

Wenn es einen Satz gibt, der gut zusammenfasst, was ich gerade erwähnt habe:

Das Universum ist dein Spiegel und du bist der Spiegel des Universums!

Alleine in diesem Satz haben Sie einen Überblick über die Gesetze des Universums.

Wenn alles, was das Universum ausmacht, personifiziert wäre, würden Zeit und Raum nichts anderes als Ihr eigenes Spiegelbild sein.

Wenn wir eine Person kritisieren, ist dies ein Teil unseres Universums, es ist unser eigenes Spiegelbild, und das ist es, was wir ihm senden, der bestimmt, wer wir sind, und der wiederum kritisiert wird.

Um meine Worte zu veranschaulichen, nehmen wir ein Beispiel:

Stellen Sie sich vor Ihren Spiegel und beobachten Sie Ihr Spiegelbild! Legen Sie dann Ihren Finger auf den Spiegel und sehen Sie, wie sich Ihr Finger mit Ihrem Spiegelbild verbindet.

Was du siehst, ist eine Repräsentation von dir selbst, du magst oder hasst, was du siehst, es ist, wie du dich in dir fühlst.

Das Universum funktioniert genauso, es schafft eine Harmonie zwischen dir und ihm.

Wenn Sie irgendeine Form von Gedanken haben, ist es, als würden Sie auf den Spiegel zeigen, Sie sind damit verbunden und Sie reflektieren das Bild desselben Gedankens.

Wenn du dich nicht magst, wirst du ein Gefühl des inneren Mangels an Selbstvertrauen haben, das sich in der Außenwelt ausdrückt, weil alles in diesem Universum gefühlt wird.

Das Universum ist nur ein Spiegelbild unserer Handlungen und unserer Gedanken.

Die Balance

Kennst du das Gesetz von Talion? Das Universum arbeitet nach den gleichen Prinzipien:

"Auge um Auge und Zahn um Zahn!"

Was auch immer Sie tun oder denken, das Universum arbeitet nach dem Prinzip des Ausgleichs von Ereignissen. Und wie es in der Bibel steht:

"Gib und du wirst empfangen!"

Säe das Positive und du erntest das Positive, teile die Liebe und du wirst zurückkehren, so funktioniert das Universum. Indem Sie lernen, auf ihn zu hören und zu akzeptieren, was er Ihnen sagt.

Hör auf, negativ zu denken!

Wie ich in meinem ersten Buch "Erfolg garantiert" erwähnt habe, passiert dies, wenn Sie an eine Katastrophe denken, wenn Sie die Aufmerksamkeit darauf lenken. Wenn Sie darüber nachdenken, beginnt ein Prozess im Universum.

Wenn Sie beispielsweise Squash spielen, beherrschen Sie den Ball, aber wenn Sie Ihre Aufmerksamkeit auf sich ziehen, tritt er mit der Intensität auf Ihr Gesicht, mit der Sie ihn gesendet haben. Dies wird als "Rückkehrschock" oder "Bumerang-Effekt" bezeichnet.

Das Universum ist dasselbe wie dieser Tennisball. Je mehr Sie kämpfen, um der Rückkehr entgegenzuwirken, umso mehr werden Sie es leid sein, Schüsse auf eine Betonwand abzufeuern.

Wenn ein Prozess gestartet wird, kann er nicht gestoppt werden. Es ist, als hätte Ihnen Ihr Bankier gesagt: *"Es ist gut! Wir vergessen Ihre Schulden in Höhe von 10.000 Euro!"* Sie müssen so lange zahlen, bis Sie die Schulden beglichen haben. Sie können jedoch in Raten zahlen und außergerichtlich andere Vereinbarungen treffen, aber in jeder anderen In diesem Fall kann nichts den Abschluss des Prozesses verhindern.

Am Beispiel des Tennisballs geht es darum, die Auswirkungen des nächsten Schusses so gering wie möglich zu halten. Reduzieren Sie es allmählich, indem Sie gesündere Gedanken haben! Wie? Indem wir Ihnen sagen, dass diese Schwierigkeit gelöst werden kann, und indem wir weniger Bedeutung geben. Lassen Sie sich nicht von Panikgefühlen dominieren, sondern finden Sie Lösungen, die Ihren Geist auf das Positive lenken! Alles kann arrangiert werden, wenn wir die Formulare setzen.

Je weniger Wert Sie darauf legen, keine *"Katastrophen"* -Muster mehr in Ihrem Kopf zu haben und Ihre Probleme zu lösen, desto weniger heftig wird die Rückkehr, bis Sie die Konturen des Tennisballs sehen. Es wird allmählich seine Intensität verlieren und auf den Boden zurückfallen, bevor Sie es überhaupt erreichen, und dieses Gesetz ist universell.

Was Sie tun müssen, ist, in Lösungen anstatt in Problemen zu denken, es wird einen anderen Prozess auslösen, nämlich die Schadensbegrenzung, und Sie werden sich wohler fühlen.

Die *"Zykliker"*, wie in meinem ersten Buch erwähnt, reagieren auf dasselbe Gesetz, wir ziehen an, was wir denken, und wenn es noch nicht in Ihr Leben eingegangen ist, was Sie dachten, ist auf dem Weg, aber hier, was die Materialisierung verhindert von deinen Wünschen ist die Frequenz, die Tatsache, nur zu denken, ist nicht genug, man muss eine Form der Osmose zwischen dem, was man denkt und dem erlebten Gefühl schaffen, und je mehr man an Intensität gewinnt, desto wahrscheinlicher wird es, dass es sich materialisiert.

Hoffe weiterhin, dass die Dinge besser werden, denn es wird funktionieren. Das

Universum braucht dieses Gleichgewicht, um zu funktionieren.

"Zykliker" sind zwei Formen von Energie erzeugenden Wirbeln, eine ist positiv, die andere ist negativ.

Sie wirken durch den Verstand, aber die Tatsache, dass Sie nicht bekommen, wonach Sie fragen, bedeutet nichts an sich, es geschieht, aber Sie haben nicht genug positiven Magnetismus, um den Prozess zu beschleunigen.

Außerdem ist Ihre Energie *"aufgeladen"*, das heißt, Sie haben sich angewöhnt, sich selbst zu ergeben. Es ist deine tiefe Natur, die dich mit negativer Energie auflädt.

Versuchen Sie, den Wunsch nach mehr Geld mit einem sehr starken positiven Gefühl zu verbinden! Pflegen Sie Ihre Begeisterung! Und ich werde später auf einen Punkt zurückkommen, der Sie daran hindern kann, das zu verwirklichen, was Sie wollen, es geht um *"latentes Denken"*.

Fangen Sie jetzt an, positive Gedanken zu kultivieren, und ich gebe Ihnen diesen Satz, um ein Stück Papier zu notieren, das Sie zu gegebener Zeit konsultieren werden, wenn Sie es vergessen: "Heute ist ein guter Tag, das Beste von allen, und morgen wird es ihr noch besser gehen ! "

Denken Sie daran, hören Sie auf, sich zu beschweren, und werden Sie verantwortungsbewusster für Ihre Handlungen und Gedanken.

Was auch immer Sie denken, geschieht mit höherer oder niedrigerer Intensität. Was den Prozess jedoch zurückhält, sind die vorherrschenden negativen Gedanken und Erwartungen, was gleichbedeutend ist mit *"Mangel"*, und Sie werden nur das ernten, worüber Sie nachgedacht haben, dh *"den Mangel"*, weil die Häufigkeit des Mangels stärker ist .

Lade positiv auf und sei nicht in der Zukunft, lebe den gegenwärtigen Moment, als hättest du das, was du willst, und wiederhole den oben zitierten magischen Satz, durchdringe ihn in deinem Geist.

Leider werden die Probleme ihrem Verlauf folgen, wie gesagt, wir können einen bereits begonnenen Prozess nicht aufhalten, sie passieren lassen, akzeptieren, dass es passiert und Ihnen mitteilen, dass dahinter gute Nachrichten stehen. Die Dinge müssen neu ausbalanciert werden.

Das alte Schema

Nun, ich möchte, dass Sie einen Moment innehalten und sich umschauen! Was sehen Sie und wie nehmen Sie wahr, was sich in Ihrer Umgebung befindet?

Alles, was du siehst, fühlst oder hörst, mag ich dich schockieren, aber du hast es provoziert, das heißt, du hast die Bedingungen deines gegenwärtigen Lebens angezogen, und du bist unbewusst dafür verantwortlich! Wie? Wegen deiner einschränkenden Überzeugungen.

Lassen Sie mich erklären, es gibt eine gewisse Beziehung zwischen Ihnen und der Welt um Sie herum, und je nachdem, wie Sie es wahrnehmen und fühlen, ist das, was Sie an das Universum senden und was Sie empfangen, in perfekter Harmonie. Wenn Sie zum Beispiel glauben, Sie hätten kein Glück im Leben, schaffen Sie die Voraussetzungen, unter denen Sie nie eines haben!

Es ist einfach ! Das Universum reagiert effektiv auf Sie, und was Sie sagen oder denken, ist die Frucht Ihrer damit verbundenen Emotionen.

Und was das Gesetz der Anziehung betrifft? Es funktioniert die ganze Zeit, Sie sind permanent mit dem Universum verbunden, ebenso was Sie denken, was Sie sagen und wie Sie sich fühlen, alles ist verbunden.

Wenn du sagst, dass du schlecht bist, werden dich alle Umstände dazu bringen, und je mehr das Universum dich zurückschickt, desto mehr wird es in dir verankert sein! Und rebelote jedes Mal.

Es ist eines der Gesetze des Universums, das von Ursache und Wirkung.

Um den Trend umzukehren, bitte ich Sie, folgendes zu tun!

Hör auf dich zu beschweren ! Denn was mit Ihnen passiert, sind nur die Bedingungen, die Sie zuvor festgelegt haben, und je mehr Sie diese Gedanken haben, desto mehr werden sie wie ein Bumerang zu Ihnen zurückkehren!

Lernen Sie, das Gegenteil zu tun, das heißt, anstatt sich zu beschweren, sich dankbar zu fühlen, auch wenn äußere Ereignisse nichts dafür sind!

Vor kurzem war ich auf der Facebook-Seite eines Lebensberaters und beim Anblick einiger Kommentare war es für mich sehr informativ, nicht in der Überzeugung, dass bestimmte Personen, die ich in ein paar Zeilen zusammenfasse und Sie verstehen werden, warum das Gesetz der Anziehung wird nicht auf sie wirken:

- "Es ist eine dumme Sache, es funktioniert nicht!"
(Der Kommentator behauptet, dass es nicht funktioniert!)

- "Wie kann man sicher sein, dass es funktioniert?"
(Der Kommentator ist zweifelhaft!)

- "Auch wenn es einfach ist, ist es nicht immer einfach!"
(Eigentlich behauptet der Kommentator, dass es nicht immer einfach ist!)

- "Ich hatte nie eine Chance, warum sollte es sich ändern? Muss realistisch sein!"
(Dieser hat ein sehr bodenständiges Design und behält sein Pech bei)

Diese Menschen sind Beute dessen, was ich *"das Schema"* nenne, sie haben eine Identität über die Umstände ihres Lebens aufgebaut, alles, was ihnen passiert, wird als tödlich empfunden, und sie haben Recht ... sie haben

Recht ... ... nur, was sie nicht wirklich wissen, ist, dass sie dieses Schema aufbauen, es aufrechterhalten, es nähren, sich auf ihre jeweiligen Erfahrungen beziehen, und dies klingt wie eine Nachricht, die an das Universum gesendet wird, und wenn diese Leute ihren Kurs nicht ändern Füttern sie weiterhin das Universum der negativen Gedanken, sendet es ihnen genau das gleiche Signal.

Was nun möglich ist, ist, dass sie, anstatt sich zu beschweren, dankbar sein sollten! Einige werden sagen: *"Nett! Ich bin dankbar, weil mein Auto unten ist, meine Frau mich verlassen hat und ich die Treppe heruntergefallen bin!"* Die meisten von Ihnen haben sarkastisch darüber nachgedacht, nicht wahr?

Und deshalb haben Sie mich in der Hoffnung gelesen, ein Heilmittel für all diese Geiseln zu finden, die Sie verfolgen. In diesem Fall würde ich Ihnen antworten, dass Sie es noch nicht verstanden haben!

Alles, was Sie erleben, sind die äußeren Aspekte dessen, was Sie zuvor geschaffen und durch Ihre Gedanken am Leben erhalten haben, und das Universum sendet es Ihnen hin und her Figur, aber immer noch einige nicht verstehen!

Sie können Ihr Leben wählen! Erschaffe es anders! Dies ist Ihr einziger Ausweg, hören Sie mit seinen alten Überzeugungen vom alten Schema auf! Du fällst unaufhaltsam in den gleichen Teufelskreis und das vergiftet deine Existenz!

Diese einfache Wahl wird Ihnen angeboten! Entweder beschweren Sie sich weiter und bereiten dieselben Dinge erneut auf, indem Sie sich beschweren (und Sie haben Grund, sich weiter zu beschweren, weil das Universum Sie immer gleich sieht), oder Sie ändern Ihre Sicht der Dinge, um weit über Ihr Denken hinauszugehen, ohne Erstellen Sie die Umstände Ihres Unglücks nach, haben Sie Dankbarkeit (auch wenn es absurd erscheint und es Ihr altes Schema ist, das spricht), und

Sie werden alles ernten, was das Universum Ihnen zu bieten hat!

Haben Sie die Anerkennung, am Leben zu sein, einen Fernseher, ein Auto, eine Frau in Ihrem Leben zu haben, denn für alle ist dies nicht der Fall, und Sie haben keine Ahnung, wofür Sie sich bedanken können.

Erleben Sie diese Erkenntnis des Lebens, wer weiß, was morgen passieren wird, es wird nur von Ihnen abhängen!

Lassen Sie die Probleme Ihres alten Schemas auslaufen, die meisten brauchen einige Zeit, bis sie nicht mehr funktionieren, da sie noch in Bearbeitung sind und abgeschlossen werden müssen!

Je mehr Anerkennung Sie haben, desto mehr wird Ihnen das Universum ein wenig mehr geben, und desto mehr beklagen Sie sich über Ihr Leben, und desto mehr Umstände in Ihrem Leben werden Ihnen Gründe geben, es weiterhin zu tun!

Sie sind der Schöpfer der Umstände Ihrer Realität

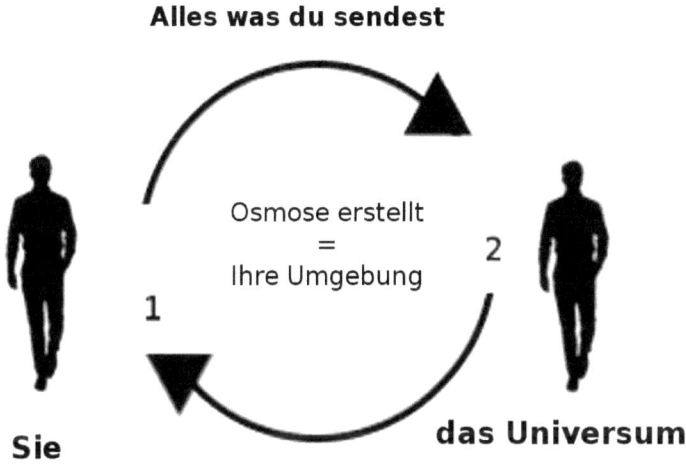

1: Alles, was das Universum dir sendet, verstärkt oder bewahrt deine Überzeugungen

2: Setzen Sie den Prozess zurück

Sehen Sie Ihre Zukunft mit Hoffnung und spüren Sie, dass gute Ereignisse eintreten werden!

Vergiss nicht, dass du es bist, der alles verursacht, was dir passiert! Wenn Sie ein Projekt starten und es nicht funktioniert, liegt es daran, dass Sie es nicht glauben, weil Sie sich zu viele Bedingungen oder Grenzen stellen.

Schauen Sie sich einfach Ihr Ziel am Horizont an und nicht, wenn Sie dorthin kommen, ich verstehe Ihre Begeisterung, und ich war dort. Wenn etwas passieren muss, wird es passieren! Nur müssen Sie sich bewusst sein, dass Sie Ihrer alten Überzeugung zum Opfer fallen und das Leben, das Sie führen, mit seinen vielen Problemen seinen Lauf nimmt, aber seien Sie versichert! Alles hat einen Begriff, und denken Sie daran:

Je mehr Sie negative Gedanken haben, die Ihrer Realität entsprechen, resigniert und fatalistisch sind und je weniger unwillkürlich an Intensität verlieren, desto weniger lehnen Sie die Reife Ihrer Probleme ab, weil:

"Sie sehen sie die ganze Zeit!"

Wäre es nicht besser, mit Hoffnung und Begeisterung anderswo hinzuschauen? Natürlich wird es harte Schläge geben, aber Sie sind immer noch in der Höllenspirale, aber wenn Sie das Gefühl haben, dass sich die Ereignisse verbessern, werden sie sich verbessern. Lassen Sie einfach *"der Batterie"* Zeit, um die negative Spirale zu entladen, wird an Intensität verlieren und wird zu einer Übertragung von Energien von negativ nach positiv führen.

Dazu müssen Sie sich jeden Abend vor dem Schlafengehen und dem Aufstehen unermüdlich davon überzeugen:

"Heute ist ein guter Tag, das Beste von allem, und morgen wird es immer besser!"

Schreiben Sie es auf ein Stück Papier, das Sie behalten werden! Hören Sie auf, über Probleme nachzudenken, aber wenn ein Tag schief geht, rücken Sie negative Ereignisse nicht ins Rampenlicht, denn ich sage Ihnen, morgen wird es immer besser, wenn Sie sich wirklich entscheiden!

DIE VIRTUEOUS UND VICIOUS CIRCLES

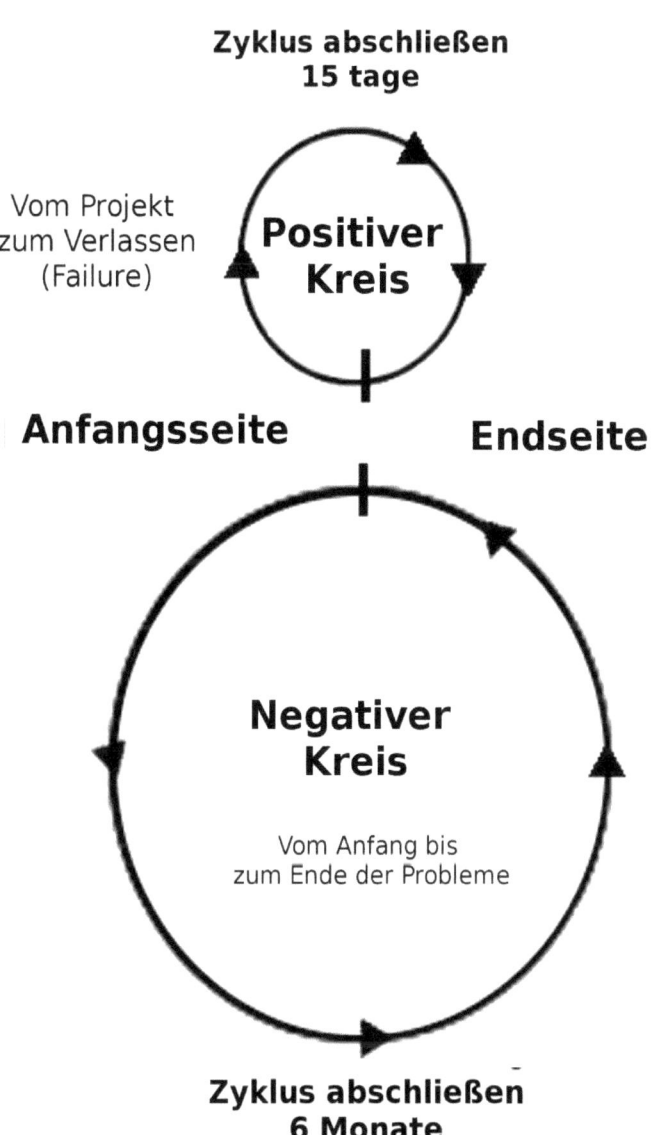

KAPITEL 5:
DIE GESETZE DES UNIVERSUMS

"Lebe mit einem Ziel und überlasse das Ergebnis dem großen Gesetz des Universums."
(Zengetsu)

Alles, was unser Sein und die Welt um uns herum ausmacht, ist das Universum.

Es wirkt überall um uns herum und durch uns in Form positiver oder negativer Energien, die je nach Intensität wie ein Magnet Objekte und Umstände anziehen oder abstoßen und sowohl auf der materiellen als auch auf der immateriellen Ebene existieren.

Es gibt zwei Welten, die das Universum ausmachen, die eine um uns herum, die Umgebung, in der wir uns entwickeln, und die innere Welt, die sich aus unseren Gedanken zusammensetzt und aus der Wahrnehmung resultiert, die wir selbst haben Unsere Neuro-Assoziationen zwischen den bereits in uns verankerten Emotionen und den eingehenden Informationen in unserem Geist.

Alles, was unser Sein und die Welt um uns herum ausmacht, ist das Universum.

Es wirkt überall um uns herum und durch uns in Form positiver oder negativer Energien, die je nach Intensität wie ein Magnet Objekte und Umstände anziehen oder abstoßen und sowohl auf der materiellen als auch auf der immateriellen Ebene existieren.

Es gibt zwei Welten, die das Universum ausmachen, die eine um uns herum, die Umgebung, in der wir uns entwickeln, und die innere Welt, die sich aus unseren Gedanken zusammensetzt und aus der Wahrnehmung resultiert, die wir selbst haben Unsere Neuro-Assoziationen zwischen den bereits in uns verankerten Emotionen und den eingehenden Informationen in unserem Geist.

Jedes Individuum stellt nur ein Fragment des Universums dar, wir sind alle Teil eines und desselben und vibrieren mit einer Frequenz, die uns anzieht oder zusammenhält.

Die Gesetze des Universums existieren, aber nur sehr wenige wissen, wie sie tatsächlich funktionieren. Es zieht uns alle an, die wir denken, um mit all seinen Vorteilen zu leben.

Das Universum arbeitet jedoch nach seinen eigenen Regeln, und das Gesetz der Anziehung allein kann Ihnen nicht alles bringen, was Sie sich wünschen, denn es gibt vierzehn Hauptgesetze, die alle miteinander zusammenhängen.

1: Das Gesetz der göttlichen Einheit

Im Universum ist alles miteinander verbunden, sowohl die Gedanken, die Handlungen, die Gegenstände, die Personen oder Umstände, die sich auf dieses Gesetz beziehen, wir alle gehen von derselben göttlichen Quelle aus. Wir sind alle Teil desselben schwingenden Ensembles mit unterschiedlichen Frequenzen. Wir sind beide Schöpfer und Kreationen, die von außen kommen, sind die Frucht unserer inneren Welt, weil wir sie unbewusst zu uns hingezogen haben.

2: Das Gesetz der Schwingung

Es funktioniert nach Frequenzen, alles, was sich im Universum bewegt, hat seine eigenen Energien, die funktionieren oder nicht harmonisch sind. Je höher die Schwingungsfrequenz ist, desto mehr bewegt sie sich in einer Osmose zwischen dem Verlangen (oder der Angst) und dem Universum. Kurz gesagt, wir ziehen alles, was wir uns wünschen oder fürchten, entsprechend der Intensität unserer Gedanken und Gefühle zu uns.

3: Das Aktionsgesetz

Alles, was wir uns wünschen, muss von einer Handlung begleitet werden, die zum gewünschten Ziel führt, und unabhängig von der Größe dieses Ziels ist der Aufwand und die Intensität wichtig, die in seiner Richtung geprüft werden. Jede Verpflichtung, die wir eingehen, löst aufgrund dieses Gesetzes eine

Reaktion aus. Etwas zu glauben oder zu wollen ist nicht genug! Sie müssen etwas für Ihre Ziele tun und dürfen nicht aufgeben.

4: Das Korrespondenzgesetz

Was in uns passiert, passiert außen, außen ist innen ähnlich. Wir sind unbewusst die Schöpfer unserer eigenen Realität. Alles, was in Ihrem Leben geschieht, ist das Ergebnis Ihrer Gedanken, die mit dem Paradigma zusammenhängen. Und je mehr wir dies aufgrund unserer begrenzten Überzeugungen bekräftigen, desto mehr bewegen wir uns in unserer Welt in die gleiche Richtung

5: Das Gesetz von Ursache und Wirkung

Es besagt, dass nichts zufällig oder außerhalb der universellen Gesetze geschieht. Alle Aktionen lösen eine Reaktion aus. Um dieses Gesetz zusammenzufassen: Wir ernten, was wir freiwillig säen oder nicht, deshalb müssen wir darauf achten, was wir ausstrahlen. Wir sind uns beide der Realität bewusst, die wir erschaffen, und nehmen den Prozess wieder auf, indem wir glauben, dass alles, was uns passiert, nur von außen kommt.

6: Das Gesetz der Entschädigung

Alles, was du dem Universum gibst, wird in verschiedenen Formen mit der gleichen Intensität zu dir kommen, und je mehr wir geben, desto mehr bekommen wir. Dies sind nicht nur Objekte der physischen Welt, Geschenke können auch spirituell sein.

7: Das Gesetz der Anziehung

Es steht im Mittelpunkt meines Buches, obwohl die anderen Gesetze ihre Nützlichkeit haben und miteinander korrespondieren, ziehen wir alle an, die mit den Gesetzen des Universums übereinstimmen. Es funktioniert seit der Geburt ununterbrochen und alles um uns herum ist die Manifestation dessen, worüber wir nachgedacht haben.

8: Das Gesetz der Energieübertragung

Es besteht darin, nicht in negativen Gedanken gefangen zu sein, sondern im Gegenteil die positive Seite jeder Situation zu sehen. Ihre Gedanken ändern Ihre negative Frequenz und werden abhängig von der Intensität zu einer positiven Frequenz, abhängig von Ihrem Enthusiasmus oder Ihrer Angst, die den Skalen Gewicht verleihen. Lassen Sie sich nicht von Ereignissen dominieren! Hinter den Wolken gibt es immer die Sonne, nicht aufgeben!

9: Das Gesetz der Schwangerschaft

Bevor alle Dinge im Universum zu Ihnen kommen, dauert es eine Schwangerschaftsperiode, wie der Samen, der zu einer Pflanze wird, oder ein Embryo, der zu einem Baby wird. Alles im Universum braucht eine Phase der Anpassung, und er sät Umstände, die Sie führen zum gewünschten Ende. Das Schwangerschaftsgesetz folgt einem Zyklus, der nicht unterbrochen werden kann, und die vorherigen Umstände müssen weiterhin auftreten, bevor sich etwas ändert. Dies wird als "Übergangsphase" bezeichnet.

10: Das Gesetz der Relativität

Alles, was wir an das Universum senden, hat eine relative Antwort auf die Frequenz, ob es gut oder schlecht ist, unsere Gedanken und unsere Worte (freiwillig oder nicht) lösen einen Prozess aus, der bis zum Ende andauern muss.

11: Das Gesetz der Polarität

Es besagt, dass wir alle ein Gegenteil haben. Ohne Kälte kann es keine Hitze geben, ohne Boden kein Hoch. So wie die Schwingungsfrequenzen für die gleiche Emotion nicht gleichzeitig hoch und niedrig sein können, ist es entweder die eine oder die andere. Es ist unmöglich, unsere Stärke zu sehen, wenn wir uns als schwache Person wahrnehmen.

12: Das Gesetz des Rhythmus

Alles im Universum arbeitet im Rhythmus, die Sekunden geben Minuten, dann Stunden, der Tag folgt der Nacht, nichts ist statisch! Alles bewegt sich in seinem eigenen Tempo.

13: Das Gesetz des Glaubens

Dieses Gesetz besagt, dass alles, von dem wir glauben, dass es wahr ist, zu unserer Realität wird, aber dieses Gesetz funktioniert nicht, wenn wir nur über eine Sache nachdenken. Wir müssen die innige Überzeugung haben, dass es passieren wird. Unsere begrenzenden Überzeugungen schaffen unsere Realität, in der wir uns entwickeln.

14: Das Gesetz des Genres

Dieses Gesetz besagt, dass alles im Universum seine eigenen Eigenschaften hat. Das Männliche unterscheidet sich vom Weiblichen, das Gute unterscheidet sich vom Schlechten, usw ...

Die Gesetze des Universums optimal nutzen

Ich werde Ihnen das berühmte Geheimnis geben, das ich vor ein paar Jahren gelernt habe, und Ihnen die Schlüssel zum Erfolg geben. Wenn Sie verstehen, worüber ich sprechen möchte, wird es etwas sehr Mächtiges sein, wenn Sie die Essenz dessen, was Sie lernen werden, beherrschen!

Trotz allem, was Sie zu diesem Thema gelesen haben, fehlt Ihnen etwas Wesentliches, etwas sehr Wichtiges, das Ihrer Entwicklung in Ihrer Umgebung zuwiderläuft.

Was Sie in Ihrer Nähe haben, sind Ihre Freunde, alltägliche Dinge, Ihr Freund, Ihr Job und Ihr Gehalt.

Sie haben ein Auto ... es ist gut, die Unterkunft, die Sie mögen ... perfekt, Sie mögen Ihre Arbeit ... viel besser ... und Sie haben das Gefühl, dass Sie alles haben, was Sie brauchen Sei glücklich ... das ist großartig!

Die gute Nachricht ist bereits, dass Sie sich bei dem, was Sie haben, wohl fühlen! Es gibt keine Schulden, keine externen Sorgen mit anderen Menschen, alles geht gut mit Ihrem Partner, wie ich am Anfang des Buches sagte, Sie haben eine stabile Situation.

Aber tief in dir, willst du nicht über diese psychologische Linie hinaussehen, die du selbst geschaffen hast? Willst du nicht "über die Linie" gehen?

Lassen Sie mich erklären, was Sie gerade erleben, heißt "Ihre Komfortzone", das heißt, Sie können mit dem, was Sie haben, zufrieden sein, ohne weiter zu gehen, aber liegt es daran, dass Sie diese Situation wollen denkst du, es ist unmöglich für dich, darüber hinauszugehen?

Ich erinnere mich, als ich jünger war, als ich mein erstes Auto hatte, war ich mit meinem kleinen R5 zufrieden. Ich fühlte einen gewissen Stolz mit ihr zu reiten! Es war für mich gleichbedeutend mit Unabhängigkeit, aber sehr schnell wurde ich müde von diesem Auto, das ich größer haben wollte.

Anschließend wurde mir ein Minivan für eine Summe verkauft, die mir schon als junges Kind wichtig erschien: 1000 Euro. Ich war sehr stolz auf dieses Fahrzeug, mein kleiner R5 wurde sehr klein, und ich fragte mich: wie könnte ich damit fahren?

Aber dieser Minivan, jemand hat mich verwüstet und mir die vier Reifen zerdrückt. Ich hatte nicht die finanziellen Mittel, um diese zu ersetzen. Ein Nachbar bot mir also an, meinen Minivan gegen einen 405, einen Diesel, auszutauschen. Ich sah die wirtschaftliche Seite des Fahrzeugs, Benzin war 2006 teurer, der Diesel kostete weniger als 1 € pro Liter und es verbrauchte trotz seines Alters sehr wenig (es war 1988), ich habe dieses Fahrzeug ausgenutzt, ich habe Meilen gemacht jahrelang damit beschäftigt und ich sagte mir immer noch: "Wie kann ich mit diesem Fahrzeug fahren, das so viel verbraucht?"

Das wird dich zum Lächeln bringen, aber dieses Fahrzeug, ich habe es satt, wollte etwas Neueres! Also kaufte ich mir für etwas mehr Geld einen Xsara von 1999 (Modell, das mir etwas neuer erschien, und das mehr Diesel ist). Am Anfang fand ich, dass dieser super zu diesem Auto passt, aber danach raten Sie mal, was Ich habe es satt ... ..nach zwei Jahren ... .. weil es einen Fehler hatte, seine hohe

Laufleistung!

Anschließend kaufte ich einen Zafira, der noch teurer war (was ich dachte, ich wäre es!), Und als ich an meine alten Fahrzeuge zurück dachte, schien mir der ferne R5 als nächstes wenig, eines Tages parkte ich neben einem von ihnen und sprach scharf Für mich war es ein miserables Auto geworden. Was ich für ein bisschen wichtiger hielt als die Zeit, und merkwürdigerweise, warum scheinen Fahrzeuge zu "schrumpfen"? Meine Wahrnehmung meiner alten Autos hatte sich verändert!

Wenig später wechselte ich mein Fahrzeug, etwas größeres und viel teureres, ich kaufte einen Kuga, es war SUV-Mode und es bedeutete für mich eine Form von Prestige, ich ließ Sie erraten, wie ich meinen R5 wahrnahm, es schien Sei (ich übertreibe das) ein Kinderfahrzeug, so dass es neben meinem großen SUV klein wirkte.

All dies, um Ihnen mitzuteilen, dass, wenn sich die Bedingungen unseres Lebens ändern, sich unsere Wahrnehmung von Dingen und

Ereignissen ändert, alles, was außer Reichweite und Größe gedacht wurde, schließlich kleiner wird.

Das alles, um zu sagen, dass sich die Wahrnehmung ändert, je mehr man an Größe gewinnt! Aber hier sind wir größtenteils der Meinung, dass wir das Maximum unserer Kapazität erreicht haben, und wir sind zufrieden mit dem, was wir haben. Wir gehen davon aus, dass wir die obige Grenze nicht überschreiten.

Was in deinem Verstand fehlt, ist dieser kleine Schritt über dir. Er geht über deinen begrenzten Glauben hinaus und beraubt dich des Lebens, das du verdienst, und trotz allem, was ich in diesem Buch gesagt habe, ist das, was du vermisst ... .. haben...

... DER GEIST ÜBER DER LINIE.

Um dies genauer zu beschreiben, wie nehmen Sie sich selbst wahr und wie sehen Sie die Welt um sich herum? Fühlst du dich gut in Bezug auf das, was du täglich lebst?

Natürlich hast du kein Problem, alles ist in Ordnung und einiges davon, das ist gut, aber ... wo sind deine Träume? Bist du so resigniert, dass du mit den Krümeln des Lebens zufrieden bist? Ihr Verstand wurde auf diese Weise konditioniert und hat die tiefe Überzeugung geschaffen, dass Sie nichts anderes tun können.

Die Botschaft, die Sie an das Universum senden, ist so, wie Sie sie empfangen. Die äußeren Umstände sind diejenigen, die Sie unbewusst geschaffen und in Ihren Überzeugungen gefangen haben waren ein Kind

Es gibt drei Umstände in Ihrer Entwicklung, die Sie zu einer Art Wahrnehmung getrieben haben:

Durch Ihre Ausbildung, ob Eltern, Schule oder Beruf, war Ihr ganzes Leben lang jemand über Ihnen, und es ist Ihnen unbewusst zur Gewohnheit geworden, sowohl im Gefühl als auch in der Wahrnehmung, auch wenn Sie den

Willen haben, zu übertreffen Wenn Sie weiterhin diese Art der Wahrnehmung haben, werden Sie nirgendwo hingehen, was notwendig ist, es ist, sich auf die Ebene derer zu begeben, die Sie für überlegen halten, es ist, den Blickwinkel zu ändern, mit Ihrem Verstand, Ihnen Ich werde eine Stufe höher gehen und einen Vorgesetzten nicht länger als jemanden wahrnehmen, der etwas aufdrängt, sondern als jemanden wie dich, so dass du einen Freund siehst, versuche dich an seine Stelle zu setzen und seinen Standpunkt zu analysieren. Für ihn bist du wie der R5 etwas höher erwähnt.

Aus Ihrer Umgebung, sei es Ihre Familie oder Ihre Bekannten, ohne "Freunde" mit ihren wertvollen Ratschlägen zu sagen, ohne irgendetwas in ihrem Leben versucht zu haben, aber Sie haben diesen Menschen mit Ihrer kindlichen Naivität zugehört und wissen, dass Sie falsche Überzeugungen haben, wie Sie es waren nein, nicht in der Lage, einige Dinge jeden Tag zu tun, waren es plötzlich diejenigen, die imposanter wurden, obwohl sie sich unbewusst freuten, sich für dich wichtig zu fühlen, und dass du dein ganzes Leben lang gefolgt bist, auch wenn du das Gegenteil denkst Ihre innere Wahrnehmung in Bezug auf die Außenwelt, so dass diese Art von Gedanken von dem Universum abgefangen wurde, das Ihnen geantwortet hat, sich effektiv auszurichten, um mit den Umständen in Osmose zu sein, die Sie zu der Annahme veranlasst haben, dass Sie ein Verlierer waren Sie nehmen sich selbst als solches wahr, aufgrund dessen, was Sie in das Universum geschickt haben, und aufgrund dessen, was er in Ihre Umgebung geschickt hat und ein Ursache-Wirkungs-Muster bildet und so weiter.

Anhand des Werts, den Sie Ihrer Umgebung beim Besuch der Schule oder sogar durch Erziehung zur Erziehungsberechtigten gegeben haben, wurden Ihnen, je nachdem, woher Sie kamen, einige Überzeugungen und der Wert von Dingen beigebracht, um den Wert mit Gegenständen in Verbindung zu bringen, von den am wenigsten wichtigen bis das Wichtigste, damit die Beträge, die Ihnen aufdringlich erscheinen, unzugänglich sind und Sie nicht in der Lage sind, Ihnen ein

Traumleben mit einem Haus, einem Sportwagen oder gar Ausflügen auf paradiesischen Inseln zu bieten, und was am schmerzlichsten ist Dieses Fernsehen erinnert Sie jedes Mal mit fürstlichen Hochzeiten und Luxus, was Ihnen einen Traum und den inneren Wunsch gibt, ein Tag wie dieser zu sein, aber es wird nicht möglich sein, weil "Sie nicht die finanziellen Mittel haben".

In deinem Mikrokosmos gibt es Menschen über dir und unter dir, und du stehst zwischen den beiden (du hast es selbst erraten, ohne es zu markieren), dir wurde gesagt, welche Form die Gesellschaft hatte, welchen Platz jeder von uns hatte, um diese kleine Welt zum Funktionieren zu bringen. Und wie ich oben erklärt habe, sendet Ihnen das Universum die Botschaft: "Sie werden nicht höher gehen, als es Ihnen bestimmt ist", und die äußeren Umstände lassen Sie es so sehr glauben, dass Sie die Botschaft des Universums, das sich konsolidiert, konsolidieren wiederum und immer wieder und immer wieder ......

Die Gemeinsamkeit zwischen der Bildung, die

Sie hatten, den Überzeugungen, die Sie von Ihren Mitmenschen erhalten haben, und dem Wert, den Sie den Dingen in Ihrer Umgebung beigemessen haben, haben alle eines gemeinsam:

DIESES "SCHEINT" ÜBER IHNEN!

Überlege genau, wie du dich selbst wahrnimmst! Und hier komme ich zum Gesetz der Polarität zurück, es gibt immer ein Plus und ein Minus, eine positive Seite und die andere negative, wo ist deine Umgebung? Und wo sind Sie?

Alles scheint dir überlegen, so imposant wie ein Berg wie der Mont Blanc, für einen Anfänger kommt er auf diesen Berg und findet das imposant, also steigt er und steigt er, und mehr, was er unüberwindlich schien, ist es weniger! Dann fängt er wieder an und sieht den Berg anders, etwas entspannter, er kommt dort etwas leichter an als beim ersten Mal. Er gewinnt Vertrauen!

Aber wenn er den K2 besteigt, wird alles, was

riesig schien, in seiner Wahrnehmung kleiner, und der Mont Blanc erscheint als nächstes winzig.

Sieh Dich um!
- Ein Haus scheint teurer!
- Ein Berg scheint höher!
- Die Leute scheinen mehr Glück zu haben als Sie!
- Ein Millionär hat mehr Geld als Sie!
- Ein Chef hat mehr Autorität als Sie!

Was Sie wahrnehmen, ist, dass andere immer "mehr" haben, also werde ich Sie raten lassen, wo Sie sind, in "weniger"! und unbewusst fühlen Sie sich entwertet, vermindert, und aus diesem Grund kann das Gesetz der Anziehung nicht auf Sie wirken, bis Sie mit Ihrem Verstand ein wenig mehr Höhe erreicht haben und sich mit allen Aspekten Ihres Lebens neu ausrichten, die Sie für überlegen halten.

Mit ein wenig gesundem Menschenverstand möchten Sie sich wie ein Millionär fühlen, aber auf der anderen Seite sehen Sie den Millionär als überlegen an. Sie sind also minderwertig für einen Unternehmensleiter, es ist dasselbe und andere Umstände auch und das kommt von einem Ort, so wie du deine Außenwelt wahrnimmst.

Hier liegt der ganze Trick des Gesetzes der Anziehung, und damit es 100% funktioniert, muss man sich überlegen fühlen (und sich selbst nicht als überlegen erachten), einen reichen Menschen als Ihren Gleichen wahrnehmen, wie einen Freund (den muss man nicht haben) real sein, aber wer weiß?)

Um Ihnen zu helfen, gebe ich Ihnen eine Übung, und ich höre eine andere, die "noch eine?" Ruft. Und ich würde sagen, dass Sie nicht alle gleichzeitig ausprobieren müssen, testen Sie in einer oder zwei, und Sie werden sehen, wie sich die Ereignisse um Sie herum ändern, denn alles, was ich bereits erwähnt habe, funktioniert!

An einem isolierten Ort stehst du mit deinen Füßen zusammen und mit deinem Arme-Körper! Schließe deine Augen und atme dann normal!

Sie tun so, als ob die Energie vom Boden von Kopf bis Fuß steigt, und Sie fühlen sich, als würden Sie nach innen wachsen!

Legen Sie Ihre Handflächen in die Taille, und Sie kehren langsam zurück, als wollten Sie dieser Energie helfen, Ihren Körper zu durchdringen! Gebildet, als ob einige Wellen Sie kreuzten und zum Kopf gingen!

Stellen Sie sich in Ihrem Kopf jemanden vor, der Ihnen überlegen erscheint, und Sie gehen zur gleichen Zeit, in der Sie Ihre Energie aufbringen, reduzieren diese Person auf das Aussehen eines Kindes oder einer kleinen Person, und Sie werden sich ihr überlegen fühlen!

Tun Sie dies für 10 oder 20 Minuten pro Tag. Mehrere Sitzungen können Ihnen dabei helfen, das Selbstwertgefühl zu steigern. Wenn Sie es richtig machen, wird es beim nächsten Mal anders aussehen, wenn Sie diese Person sehen!

Sie können es mit einem Berg oder einer Tüte

Geld versuchen. Das Ergebnis ist dasselbe, Sie werden nicht die gleiche Wahrnehmung wie zuvor haben!

Ich sage dir, es funktioniert wirklich! Und es ist nichts Magisches daran, Sie sind es, die den Veränderungsprozess initiieren. Und ich kann dir jetzt gratulieren, denn du hast ein neues Level erreicht! Das der Versicherung in dir!

Alles wird Ihnen so natürlich erscheinen, dass Sie keine Bremsen mehr haben, um zum Beispiel einen Kredit von einem Bankier zu verlangen, wenn Sie es so programmieren, dass es alles akzeptiert, was Sie verlangen.

KAPITEL 6:
DIE UMGEBUNG

"Unser Denksystem zerstört unsere Umwelt, wir müssten unsere Gedanken ändern, um uns zu schützen."
(Steve Lambert)

Wir alle leben im selben Universum mit zwei Arten von Umgebungen. Alles, was um uns herum vor sich geht, ist genau das gleiche. Das Einzige, was sich ändert, ist die Situationsanalyse.

Erstens gibt es denjenigen außerhalb der fleischlichen Hülle, der allen Sterblichen gemeinsam ist, der statisch ist. Es ist genau das Gleiche, die Luft, die wir atmen, das Gras, das wir drängen oder das Wasser, das wir trinken. Alles ist das Gleiche.

Dann gibt es den in unserem Körper, der es uns ermöglicht, mit der Außenwelt zu interagieren. Die Umgebung ist dynamisch und kann dank des Unbewussten verändert werden.

Jedes Wesen in unserer Außenwelt reagiert anders als dieses nach seinem eigenen Lebensmuster.

Das heißt, wir sind alle so programmiert, dass wir durch unsere fünf Sinne die Außenwelt auf unterschiedliche Weise nach unseren Gesichtspunkten fühlen.

Wahrnehmung

Was die menschliche Natur auszeichnet, ist ihr Ego, und wir alle haben ein mehr oder weniger ausgeprägtes. Was eher paradox erscheint, wenn ein Individuum sagt, er sei altruistisch, er erwartet, dass es als solches gesehen wird, aber im Gegenteil, er sendet das Bild von jemandem, der sich zeigen will, zentriert auf seine Person, und in der Regel endet er alleine. weil er sich nur für sich selbst interessiert.

Ich erinnere mich an ein paar Jahre zuvor, als ich ein Bild von einem Mann neben einem Invaliden sah, der im Rollstuhl saß. Die Frage, die mir durch den Kopf ging, ist, worauf diese

Person neben dieser ungültigen Person gewartet hat. Wollte er seinen schönsten Tag zeigen oder ist es ein Foto ohne Hintergedanken mit reinen Absichten?

Aus diesem Grund und wenn es eine Sache gibt, die man über das Universum wissen muss, handelt es in uns und um uns herum. Wir können nicht weiter jammern oder andere hassen, weil dies ein schlechtes Signal aussendet, das unser Leben beeinflusst, wenn wir unsere Denk- oder Handlungsweise nicht ändern.

Was treibt einen Menschen dazu, uns auf eine bestimmte Weise wahrzunehmen?

Sieh Dich um! Was siehst du ? Immer die gleichen Menschen, die einen bestimmten Lebensstil und ein bestimmtes Verhalten haben. Für Sie ist es ziemlich schwer zu erkennen, da Sie die Angewohnheit gemacht haben, sich die Schultern zu reiben, aber durch Wiederholung dessen, was ich bereits in den vorhergehenden Zeilen erwähnt habe, die Menschen, denen es an

Durchsetzungsvermögen, Respekt oder andauernder Kritik oder Selbstkritik mangelt Kritik sind diejenigen, denen es im Leben am wenigsten ergeht.

Beispiel:

Arme Leute kritisieren die Reichen oder diejenigen, die Erfolg haben, wenn wir fast nie das Gegenteil sehen. Sie haben Gedanken an Opulenz und Wohlstand, immer aufwärts gerichtet und ständig auf der Suche nach Selbstüberschreitung.

Wenn sich die Umstände einer Person ändern, ändert sich das Gefolge, sei es in Ihrem Verhalten oder in Ihrem Gefühl.

Die Wahrnehmung der Welt muss auf eigene Faust erfolgen. Ich lade Sie nicht ein, einige Menschen zu sehen, die Ihr Leben geprägt haben. In einigen Fällen wäre es unmöglich (z. B. in einem fernen Land zu leben oder tot zu sein).

But to restructure all the events in your head, thinking back to those people who have been harmful to you.

Wie kann das behoben werden?

Indem Sie die Wahrnehmung der Welt um Sie herum überdenken.

Dadurch wird vermieden, dass Sie alles anziehen, was Sie nicht wollen oder mehr. Machen Sie einen Schritt zurück und hören Sie auf, sich vor den Individuen schwach zu fühlen, die, wie ich Sie erinnere, nur das Spiegelbild dessen sind, was Sie sind!

Die Art und Weise, wie Sie denken, wirkt sich auf Ihre Umwelt aus, aber Vorsicht, es geht nicht nur ums Denken, es wäre sonst zu einfach! Es gibt viele Dinge zu berücksichtigen

Abgesehen von der Tatsache, dass die meisten, die Geld oder Erfolg haben, oder dass ihre Beziehungen bestenfalls gut sind und Sie dennoch in jeder Hinsicht identisch sind (es überrascht Sie?)

Das einzige, was Sie von ihnen unterscheidet, ist die Wahrnehmung der Welt um sie herum und die Wertschätzung, die sie dafür haben, wie sie sich für andere fühlen. Alles hängt mit dieser Wahrnehmung zusammen.

Was ist dein Wert?

Ich bitte Sie nicht, mir einen Betrag zu geben, den Sie verstehen werden! Aber in den Augen aller, die Sie in Ihrem Leben haben oder haben werden, was sind Sie wert?

Es gibt einen Unterschied zwischen dem Wert, den wir uns selbst geben, und dem Wert, den uns unsere Mitmenschen geben. Und in den Tiefen von dir liegt diese kleine Stimme, die dir zuflüstert, dass du dorthin gelangen wirst, wenn du es glaubst. ! Um jedoch ein wenig zurückzugehen, Ihre Überzeugungen kommen von der Neuroassoziativität zwischen dem Paradigma und den eingehenden Informationen.

Ihre Überzeugungen stammen aus Ihrer Kindheit, haben sich aber im Laufe der Zeit verstärkt. Alles, was Ihnen über sich selbst beigebracht wurde, war unbegründet und besagte, dass Sie keine oder nicht in der Lage waren, bestimmte Dinge zu tun, was zu einem Rückgang des Selbstwertgefühls führte. Aber wenn Ihr Umfeld Ihre Gefühle berücksichtigt hätte, hätte er Sie ermutigt und Ihnen einen höheren Wert verliehen, und Sie hätten dies tief in sich gespürt.

Du warst neugierig auf alles, warst wach vor der Welt, die dich heute noch umgibt, erlebst Begeisterung, Wut, aber auch Angst, und alles, was dein Gefolge dir übermittelt hat, hat eine Menge Bedeutungen für gut oder schlecht.

Ihre Eltern haben Sie daran gehindert, bestimmte Alltagsgegenstände zu berühren, und haben gleichzeitig ein Gefühl im Zusammenhang mit diesem Verbot erzeugt, da die Verbindung zwischen dem Gegenstand und dem Gefühl der Angst hergestellt wurde. Sie wagen nicht mehr, es zu berühren. vor allem, wenn sich dieser Glaube von Jahr zu Jahr verstärkt hat.

Infolgedessen trauen Sie sich nicht mehr, wegen verbotener Dinge für sich selbst zu lernen, und Sie wissen nicht, wie bestimmte Objekte funktionieren und warum andere Menschen sie berühren können.

Die Verstopfungen kommen von dort! Es hat immer oder zumindest oft jemanden über Ihnen gegeben, und das hat Sie daran gehindert, Ihre Eltern oder Angehörigen zu ermächtigen, die Sie daran gehindert haben, es zu tun, Sie zu entmutigen, zu sagen, es sei nutzlos oder Sie nicht ernst zu nehmen taten wegen Ihres jungen Alters.

Außerdem sind Sie abhängig von anderen, weil der geringste Versuch, ein wenig verantwortungsbewusster zu werden, zu mangelndem Selbstvertrauen, Angst vor Reaktionen und Spott führt. Wie werden alle um dich herum reagieren? Finden sie Ihren Weg lächerlich? Sie werden sagen, dass Sie

Ihre Zeit verschwenden? Das fühlt die Erfahrung, was ich dort sage, nicht wahr?

Ihr Umfeld, das daran gewöhnt ist, Sie so zu sehen, mit einem geringen Ansehen, wird wahrscheinlich nicht bereit sein, die Veränderungen zu akzeptieren, die in Ihrem Leben stattfinden, wenn es welche gibt, auch wenn einige Ihnen zu Ihren Initiativen gratulieren.

Andere werden Sie kritisieren, sich darauf vorbereiten, es sei denn, Sie bleiben diskret, aber mit Erfolg, schwirig zu sein, es bleibt eine Wahl wie jede andere mit Vor- und Nachteilen, und es gibt und wird immer einen Preis zu zahlen geben, was dann ist Ihr Wert?

Wie kann man Vertrauen gewinnen?

Auf welchem Niveau stehen Sie im Vergleich zu anderen? Ob Freunde, Familie oder hierarchische Führer, wie fühlen Sie sich in ihrer Gegenwart?

Wenn Sie in Ihrer Umgebung zu all Ihren

Mitmenschen gehen, spüren Sie deren Energie unbewusst. Es kommt auf Macht oder Schwäche, Wichtigkeit oder Nicht-Wichtigkeit an. Jeder Einzelne gibt Energie ab. Die Intensität von jedem ist zu spüren. Es heißt "die Aura".

Außerdem lade ich Sie zu diesem kleinen Experiment ein, Sie werden alle Gefühle, die Sie in Kontakt mit bestimmten Menschen fühlen, zur Kenntnis nehmen, die sie von sich selbst befreien. Ist es intensiv? Weniger intensiv? Verursachen sie dir Freude oder Angst? Versuchen Sie es nicht mit Personen, die Sie bereits kennen, sondern mit Fremden.

Haben Sie eine hohe oder eine niedrige Wahrnehmung Ihrer Mitmenschen? Fühlen Sie sich eindeutig stark oder schäbig?

Auch du setzt deine eigene Energie frei und es fühlt sich draußen an.

Wenn Sie Angst haben, eine gefährliche Wohngegend zu betreten, was passiert dann in Ihnen, wenn Sie sich einer Gruppe junger

Menschen ganz leise nähern? Hast du Angst? Diese jungen Leute kennst du nicht, aber etwas tief in dir hat das Gefühl der Unterdrückung ausgelöst, als ob etwas passieren würde, was mit dem zusammenhängt, was du im Fernsehen über Straßenangriffe erfahren hast, in dem klar ist, dass du dies mit der Gefährlichkeit in Verbindung gebracht hast der Umwelt.

Innerlich erzeugen Sie schädliche und zerstörerische Gefühle, und alles, was von außen geschieht, wirkt wie ein Magnet, alles aufgrund Ihrer alten Überzeugungen.

Ob in der Erziehung oder in der Schule, ob in Ihrer Beziehung, es gab immer jemanden über Ihnen, und Sie geben unbewusst Anlass dafür, dass Sie sich klein fühlen.

Aber wenn Sie die Dinge überdenken, ist ein Arbeitgeber administrativ immer über Ihnen, aber Sie sind zu formalisiert. Er mag überlegen sein, aber er ist nicht weniger ein Mensch. Sie atmen die gleiche Luft wie er. Er kann sterben, sich selbst verletzen, Emotionen erfahren.

Außerhalb des sozialen Status und des Bankkontos ist er in jeder Hinsicht mit Ihnen identisch.

Durch die Nachteile können Sie Ihren Blickwinkel auf seine Person ändern, wie? Indem Sie Ihre Wahrnehmung ändern, versuchen Sie in gewisser Weise, keine imposante Person zu sehen, die Ihnen das Gefühl gibt, Miniatur zu sein, sondern nach und nach Miniatur zu machen.

Sie werden es sich in Ihrem Kopf vorstellen und sehen, wie es kleiner wird. Stellen Sie sich im Verhältnis dazu vor, Sie wären ihm emotional überlegen.

Unbewusst und wenn Sie dies jede Nacht vor dem Zubettgehen tun, gewinnen Sie Selbstvertrauen, alle Menschen, die Sie sehen, werden kleiner und Sie sagen auch "Ich bin höher als sie!".

Aber sei vorsichtig, ich sage nicht, dass du überlegen sein musst, sondern dass du dich überlegen fühlst, das ist die Nuance, du wirst nicht mit der Außenwelt interagieren, sondern das Gefühl tief in dir behalten!

Stellen Sie sich ein Kind vor, Sie sind größer als es. Sie spüren diese Größe. Ich bitte Sie, dieses Gefühl mit einer Person in Verbindung zu bringen, die Sie fürchten. Sie sehen ihn als dieses Kind. Und gib nicht mehr Wert auf seine Aura, was benötigt wird, ist, deine zu wachsen.

Wenn Sie dies für sich behalten, werden Sie beobachten, was über mehrere Tage passiert, Ihre Wahrnehmung wird nicht dieselbe sein, die heiklen Beziehungen zwischen Ihrem Arbeitgeber und Ihnen werden sich verringern, bis Sie sich emotional auf dem gleichen Niveau wie er fühlen, er wird weniger auf Ihrem zurück und laden Sie vielleicht sogar ein, mit ihm Kaffee zu trinken. (Ich weiss, was ich meine!).

Lassen Sie sich nicht in Ihren alten Überzeugungen festhalten, die Sie gezwungen haben, immer jemanden über Ihnen wahrzunehmen. Stellen Sie sich eine emotionale Linie vor. Für ein Kind werden Sie eine höhere Frequenz haben, im Gegensatz zu einem Wirtschaftsführer oder einem Minister, Sie werden eine niedrigere Frequenz haben, die ich Ihnen verständlich zu machen versuche, und deshalb wiederhole ich mich, damit Sie verstehen, was ist falsch, es wird nicht möglich oder vielleicht schwirig für Sie, sich Erfolg vorzustellen, wenn Sie sich niedriger fühlen als ein Chef, der Sie mit Angst inspiriert!

Sie sind die Geisel eines Glaubenssystems, das Sie einschränkt, denn Sie waren sehr klein und hatten immer jemanden über sich! Bist du noch ein Kind? Nein ! Streck deine Schultern und sei stolz auf dich!

Angenommen, wenn Sie Millionär werden möchten, wie nehmen Sie die Reichen ehrlich wahr? Inspirieren sie dich mit Angst? Leistung? Von der Behörde? Wenn Sie diese Gefühle tief in sich spüren, werden Sie diese höhere Ebene nicht erreichen. Was mehr ist, wenn Sie sie kritisieren, ist es das Bild Ihrer Zukunft "Sie", das Sie kritisieren

Werde der Anführer und nicht der Anhänger!

Es ist nicht zu spät ! Sie können Ihr Leben wieder in die Hand nehmen, es gibt keinen Führer oder Anhänger, aber jeder kann der eine oder andere werden, wenn man sich entscheidet, ein bisschen mehr für sich selbst zu leben und nicht nach dem Gebot Ihrer Umgebung. Dein Leben gehört dir und du hast nur eines, lerne es gut zu gebrauchen!

Der Anführer nimmt ihn an, er beschuldigt niemals andere, also korrigiert er. Dies wird von einer Person definiert, die die volle Verantwortung für ihre Handlungen übernimmt und keine Form von Komfortzone genießt. Wenn etwas passiert, hat sie die Fähigkeit, Geld zu verdienen, ohne jemals ins Stocken zu geraten. Was den Anhänger betrifft, ist er genau das Gegenteil, er bevorzugt jemanden, der seinen Platz einnimmt, es kann ein Vorgesetzter, ein Kollege, ein Freund oder ein Mitglied seiner Familie sein.

Beseitigen Sie zunächst die schlechte Angewohnheit zu sagen, dass es die Fehler anderer sind, die Dinge so gemacht sind, dass wir die Vergangenheit nicht ändern können, sondern uns auf eine bessere Zukunft konzentrieren Bist du bereit genug darüber hinaus zu gehen? Sind Sie bereit, Ihren inneren Wert zu steigern?

Lerne, verantwortlich zu werden! Indem Sie es gleichzeitig werden, werden Sie unabhängig, und wie ich Sie daran erinnern möchte, gehört Ihr Leben Ihnen allein, und es liegt in Ihrer Verantwortung, es aufzubauen, ohne sich um die Meinung anderer zu sorgen. !

Man wird dafür verantwortlich zu lernen, nicht mehr von anderen abhängig zu sein, zumindest die Tendenz zu mildern, jemanden für Dinge zu brauchen, die für alle zugänglich sind, besteht darin, diese Fähigkeit zu haben, sich selbst zu übernehmen.

Emotionale Wahrnehmung

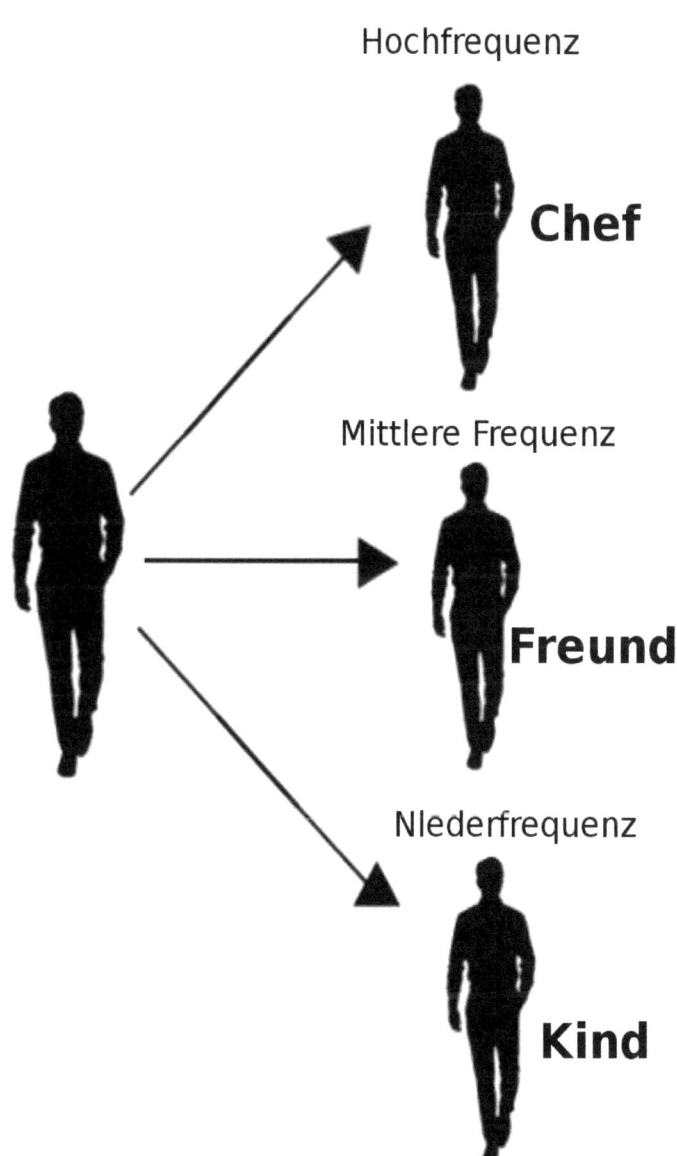

Lerne aus deinen Fehlern

Im Leben machen wir alle Fehler, und wir können nicht konsequent die Zollabfertigung durchführen, wenn dies geschieht, und sie anderen, Ereignissen oder der Umwelt im Allgemeinen melden. Es geht nicht darum, über uns zu bleiben und sich selbst in Frage zu stellen.

Eine Möglichkeit, sich weiterzuentwickeln und aus Ihren Fehlern zu lernen, Verantwortung zu übernehmen und Ihnen zu sagen, dass Sie noch am Leben sind, weil nichts verloren geht, können Sie jederzeit korrigieren.

Sie sind Teil der Lebenserfahrungen und haben dich gestärkt, und irgendwo bist du stärker als du denkst!

Das Ganze ist nicht, daran festzuhalten, sondern sich dank ihnen vorwärts zu bewegen. Gut gemacht, Fehler können Ihre besten Verbündeten sein, denn sie geben Ihnen das gewisse Extra als alle großen Anführer ...

Erfahrung.

Thomas Edison ist ein gutes Beispiel dafür, er hat sich schon viele Male mit den Themen der Persönlichkeitsentwicklung beschäftigt, um zu sehen, wo Sie es vielleicht schon bemerkt haben!

Seine Erfindung, die uns im Alltag dient, das heißt die Glühbirne, bringt uns Licht, entstand aus einer Reihe von Fehlern, aber anstatt aufzugeben, fuhr er immer wieder fort und nutzte die Lehren aus seinen Fehlern, bis er hat ein Ergebnis. Er brauchte 10.000 Versuche, um dorthin zu gelangen.

Für alle, die die moderne Welt ausmachen, war es das Gleiche, besonders für die Luftfahrt. Die Ingenieure konzentrierten sich beispielsweise nicht darauf, weil es zu Luftunfällen kam. Im Gegenteil, sie wollten ständig lernen, wie man Flugzeuge sicherer macht.

Die Fehler sind als Lektion und nicht als Bestrafung zu verstehen, und sie sind kein

Fehler, sondern ein Weg, sich weiterzuentwickeln. Denken Sie daran!

Soziale Kreise

In unserer Welt leben mehr als sieben Milliarden Menschen. Wir alle haben unterschiedliche berufliche oder soziale Hintergründe. Wir alle bilden dieses Set, das wir "Human Society" nennen.

Diese Kreise repräsentieren die verschiedenen Schichten der menschlichen Gesellschaft und jeder Kreis umfasst verschiedene kulturelle, soziale oder berufliche Gruppen.

Irgendwo in diesen Kreisen sind Sie und ich auf verschiedenen Ebenen.

Was die Ebene der Umwelt betrifft, so handelt es sich um die durchschnittliche Umgebung, in der sich die Mehrheit der Individuen entwickelt, und um von einer Ebene zur nächsten zu gelangen, müssen zwei Eigenschaften vorhanden sein, die Neugierde und der Wille.

Sie reiben sich mit der gleichen Umgebung die Schultern, tun jeden Tag die gleichen Dinge unermüdlich, hängen an den gleichen Orten ab, aber denken Sie jemals über den Tellerrand hinaus? Sehen Sie Menschen, die in ihrem Leben erfolgreich waren? Es wäre wirklich lehrreich für Sie und würde eine bedeutende Entwicklung Ihres Lebens bedeuten, mit anderen Worten, etwas anderes zu sehen und das Feld Ihres Wissens (sowohl kulturell als auch menschlich) zu erweitern.

Deshalb lade ich Sie ein, Folgendes zu tun:

Übergeben Sie die obere Reihe! Was meine ich damit Dies ist einer der Gründe, warum Sie sich nicht weiterentwickeln, weil Sie die ganze Zeit unbewusst die gleichen Dinge tun und es Zeit für Sie ist, dies zu realisieren!

Indem wir etwas anderes tun, perfektionieren wir uns nach und nach und führen uns zum gewünschten Ziel, aber dafür gibt es Bedingungen, Grundprinzipien, die in Ihrer inneren Umgebung funktionieren.

Was auch immer Sie tun, und wenn Sie nicht alles befolgen, was gerade in diesem Buch erwähnt wurde, werden Sie unerbittlich in das gleiche Muster fallen, und wie ich in einem anderen Kapitel sagte, ist es immer wieder und immer wieder, warum?

Unbewusst hast du "deine Welt" erschaffen! Die Umgebung, in der Sie sich entwickeln, ist eine echte Kopie dessen, was Sie in sich haben. Aber es ist nicht deine Schuld, weil du auf den Informationen, die du aus deiner Kindheit erhalten hast, gehandelt hast und sie beim Aufwachsen gefestigt hast.

Sie sind unfreiwillig Ihr eigener Schöpfer.

Meine Ausführungen mögen schockieren, aber es ist die traurige Realität, dass Sie ohne Ihr Wissen in einem Prozess geschult sind, der leider seinen Lauf nehmen muss. Sie können die Schritte, die es Ihnen ermöglichen, von einer Umgebung in eine andere zu gelangen, nicht löschen, Sie müssen es beenden .

Aus diesem Grund gehen Sie in Ihren Projekten vom Schach zum Scheitern, weil Sie sich immer noch in der Negativspirale befinden, und was auch immer Sie tun, selbst wenn Sie 100 Bücher zu dem Thema lesen, das ich erwähne, wird nichts in Ihrem Leben passieren! Die Rechnungen werden immer bezahlt, diejenigen, denen Sie Geld schulden, werden Sie nicht wie von Zauberhand beschenken, mein Name ist Yoann MERITZA und nicht David COPPERFIELD.

Ich erkläre die Vorgehensweise, aber das heißt nicht, dass nichts passieren wird, es ist einfach so, dass es nicht der richtige Moment ist, Sie werden negativ belastet (ich weiß nicht, welches Level Sie genau sind), aber wenn Sie genau das tun, was ich tue Wie Sie in diesem Buch erfahren haben, wird es Änderungen geben, die nicht über Nacht, sondern nach und nach nach einer Richtlinie, einem zu befolgenden Prozess, stattfinden.

Es wird natürlich kommen und es macht keinen Sinn, sich entmutigen zu lassen, weil das, was Sie sich erhoffen, sich auf die positive Spirale einlässt, aber irgendwann zu einem Ende kommt, weil der positive Zyklus kurz endet, was zu tun ist, es wiederholt sich Die Operation, vielleicht sogar 10.000-mal wie bei Mr. Edison, erfordert Ohrfeigen, aber fahren Sie trotzdem fort, der positive Kreis wird größer, wenn Sie tief in sich eine Menge Entschlossenheit haben.

Das erste, was Sie tun müssen, ist, Ihr Selbstwertgefühl zu steigern, indem Sie sich sagen, dass Sie einem Chef, Chef oder anderem überlegen sind, nicht verbal, sondern tief in Ihnen, geben Sie sich selbst Wert, Sie können es tun! Es ist diese Fähigkeit, die eigene Wahrnehmung zu verändern, moralisch aufgestellt zu sein!

Das zweite ist, sein Gefolge zu respektieren, ihnen wieder Liebe zu schenken, nicht unbedingt verbal, sondern zu lernen, all jene um dich herum zu schätzen! Vergiss nicht, dass dein Gefolge dein Spiegelbild ist!

Hör auf zu kritisieren, zu urteilen oder dich zu

beschweren! Was passiert, wenn Sie sich beschweren? Sie stellen jedes Mal die gleichen Umstände wieder her, als wenn Sie sagen, dass Sie kein Glück haben, antwortet Ihnen das Universum mit "Ja! Sie haben Pech!". Was Sie an das Universum senden, wird in seiner materiellen oder immateriellen Entsprechung an Sie zurückgegeben, was das Universum daran hindert, Ihnen das anzubieten, was Sie sich wünschen, nämlich, dass Sie sich trotz Ihnen immer noch in einem großen Teufelskreis befinden und solange Sie dies nicht tun Mildern Sie nicht, indem Sie ständig positive Gedanken haben, es wird immer dasselbe Muster für Sie sein! das heißt, Ausfälle bei Ausfällen.

Aus diesem Grund fordere ich Sie auf, Ihre Probleme zu Beginn des Buches zu lösen und es auch nicht neu überdenken zu müssen.

Suchen Sie nicht länger nach Problemen und sehen Sie die Zukunft mit einem neuen Auge, geben Sie Ihre Pläne nicht auf, fahren Sie immer wieder fort, beginnen Sie immer wieder und denken Sie immer daran, dass dies passieren wird, lassen Sie die Magie stattfinden und wann Sie es sind ziemlich positiv geladen, werden Änderungen auftreten, bis Ihre Projekte abgeschlossen sind.

Natürlich wird es nach dem Gesetz der Polarität immer eine positive und eine negative Seite geben, und es wird Probleme geben, aber sie werden von geringerer Bedeutung sein. Nur Stöße, die sehr schnell abklingen.

KAPITEL 7:
ABLÖSUNG

"Das Geheimnis und der Reichtum der Welt des Alltags sind unübertroffen. Und die Bedingungen für den Zugang zu den Wundern dieser Welt sind Distanziertheit, aber auch Liebe und Selbstaufopferung."
(Carlos Castaneda)

Hier ist eine kleine inspirierende Geschichte:

Paul lädt seine Freunde zum Ballonfahren ein.

Jeder kommt an Bord und freut sich über eine Fahrt in den Himmel.

Beim Start erwärmt Paul die Luft im Ballon, damit er fliegen kann.

Nur hier bleibt der Ballon am Boden festgenagelt.

Also bittet Paul seine Freunde, den Ballast loszulassen, aber er hebt immer noch nicht ab!

Fasziniert bittet er seine Freunde, ihre Taschen zu befreien, um die Ladung zu erleichtern. Aber nichts passiert!

Paul versteht nicht! Warum hebt der Ballon nicht ab?

Um die Gondel noch weiter zu entlasten, bittet er einige seiner Passagiere auszusteigen, aber es passiert nichts.

Der Rest seiner Freunde verlässt die Gondel, bis er alleine darin ist.

Dann versucht Paul ein letztes Mal, den Ball abzunehmen, diesmal mit Vollgas, bis mehr Kraftstoff vorhanden ist.

Der Ballon beginnt auf Paul zu entleeren, um ihn zu bedecken!

Vergeblich versucht Paul aus dem Korb zu steigen und stolpert über ein Seil, das den Ballon auf dem Boden hält.

Die Moral dieser Geschichte ist, dass wir, selbst wenn wir ein paar Gewichte loslassen und Vollgas geben, das Risiko eingehen, Freunde zu verlieren und unter diesen

Umständen das Maximum zu geben Gefahr, seine Reserven zu leeren.

So funktioniert das Gesetz der Anziehung: Solange Sie an Ihre Überzeugungen gebunden sind, werden Sie nicht abheben und riskieren, alles zu verlieren!

Das Gehirn ist darauf programmiert, bestimmte Gewohnheiten des Alltags zu erfüllen. Ist Ihnen nicht klar, dass Sie dieselben Dinge unermüdlich wiederholen?

Was du erlebst, ist, was du denkst, denn äußere Ereignisse bringen dich zu einer Art Glauben, und letzteres lässt dich die Außenwelt auf eine bestimmte Weise sehen.

Tatsächlich dreht sich alles in einer Schleife, als wäre es in demselben Wertefeld verankert, ohne etwas zu sehen oder andere zu sehen.

Ihr Geist ist in seiner sehr bodenständigen Form, das heißt, Sie müssen berücksichtigen, was Sie als wahr gelernt haben. Was das Universum dir zurückschickt, war etwas, das du zuvor akzeptiert hast.

Das Unterbewusstsein hat ein

Sicherheitssystem in Form von Blockaden aus Ihrer Kindheit.

Was bedeutet, dass es für diejenigen, die Erfolg haben und die Welt auf eine bestimmte Weise sehen, für sie konsequent erscheint, aber nicht für Sie, absurd, unglaublich, und dennoch zwischen jemandem, der Erfolg hat, und jemandem, der versagt, eine Sache bleibt die gleiche, die Welt, in der jeder lebt, nur die Art und Weise, Dinge wahrzunehmen, ändert sich.

Sie werden alles sehen, was eine erfolgreiche Person tut, sie beschwert sich nie, bringt jedes Ereignis zurück und sieht die dunkle Zukunft nicht. Er ist voller Energie und sobald er einen Schlag von Schwäche und Zweifel hat, hat er diese Fähigkeit, trotzdem wieder in den Sattel zu steigen

Diejenigen, die Erfolg haben, haben keine andere Grenze als die, die sie sich auferlegen, alles, weil ihre Häufigkeit zwar begrenzt, aber sehr hoch ist.

Überdenken Sie die Vergangenheit und nehmen Sie die Zukunft vorweg

Unser menschliches Befinden zwingt uns, Ereignisse außerhalb unserer Gedanken zu interpretieren.

Als Autor ist eines sicher, und ich weiß es sehr gut, denn ich denke, zum größten Teil ist es eine Art Müdigkeit, dieses Buch zu lesen. Einerseits scheinen Sie fasziniert zu sein, zu wissen, was als nächstes kommt, andererseits gibt es eine winzige, kaum wahrnehmbare Stimme, die flüstert: "Was ist der Sinn?" Es wird niemals funktionieren! ".

Als ich mein erstes Buch schrieb, fragte ich mich zuerst, warum ich das alles tat. Ich sagte mir, dass es immer noch eine meiner Launen war, kurz gesagt, etwas in mir sagte mir, ich solle aufgeben, dass es nutzlos sei!

Derzeit bin ich in meinem dritten Buch, ich hätte vor zwei oder drei Jahren nicht gedacht, dass ich mit meinen Büchern in mehr als zwanzig Ländern bekannt sein würde, dass sie ins Englische und Spanische übersetzt würden, und doch ist das der Fall ! Ich überrasche mich immer noch!

Was sind diese kleinen Gedankenfragmente in deinem Kopf? Hast du Dinge in deinem Leben, die dich erwischen?

Haben Sie eine negative Person neben sich, die Sie daran erinnert, dass Sie die Gasrechnung bezahlen müssen oder dass sie sagt: "Verschwenden Sie nicht Ihre Zeit mit diesem Buch! Oder" Ihre Mutter hat Sie angerufen! "?

Denken Sie an gestern oder vor ein paar Stunden zurück?

Hast du Erinnerungsfetzen, die an die Oberfläche kommen?

Oder denkst du an die um dich herum zurück, die dich als Verlierer wahrnehmen?

In Ihrer Vergangenheit hatten Sie Ereignisse, die stark genug waren, um Ihre Psyche zu beeinflussen. Sie machten sich über dich lustig und drängten dich in deine Verstecke, die dieses Gefühl der Unruhe verursachten, und wie ich bereits sagte, muss es ein Motor und keine Bremse sein! Erfahren Sie, wie Sie die Vorteile nutzen können.

Es gibt zwei Gedankenströme in deinem Kopf, es gibt die Hoffnung auf ein besseres Leben, wenn du liest, du denkst, du wirst die Lösung für all deine Probleme finden (was ich versuche, bring es, wenn du es glaubst!).

Und auf der anderen Seite fürchten Sie, dass es Ihnen nichts mehr bringt, nachdem Sie andere Autoren auf dem gleichen Gebiet wie ich gelesen haben, aber die Ergebnisse sind minimal geblieben, siehe Null.

Alle Autoren, unabhängig vom Fachgebiet, kommen aus Ihrer Außenwelt. Als Autoren helfen wir Ihnen natürlich, Lösungen zu finden. Natürlich funktioniert alles, was vorgeschlagen wird. Wir sind keine Magier, aber es steckt viel Magie in Ihnen, und wir geben Ihnen die Spuren, um diese magische Quelle zu erreichen.

Sie sagen sich: "Nein, das ist es nicht! Und ich würde Ihnen antworten:" Ja, das ist es genau! "

Sie sind mit einer winzigen, fast unmerklichen Form des Denkens verbunden, die ich als "latente Angst" bezeichnen würde. Es ist etwas, das in dir verborgen ist, und du ahntest unbewusst nicht, dass es da ist.

Es passiert sogar Reisenden, die ziemlich oft fliegen. Sie denken nicht an Flugzeugabstürze, zumindest wissen sie, dass dies möglicherweise möglich ist. Ich sage Ihnen, es ist nicht wahrnehmbar und manifestiert sich in Form einer Emotion.

Es passiert auch Fachleuten wie Geschäftsführern, die einen sehr guten Umsatz erzielen, sich aber an einen bitteren Misserfolg im letzten Monat erinnern können.

Es ist, als würde man eine rote Wand grün streichen, man denkt grün, aber unbewusst denkt man an rot, die letzte Farbe dient nur dazu, die erste zu tarnen.

Um nicht länger darüber nachzudenken, müssen Sie an der Wand kratzen, das gesamte Rot entfernen und das Grün neu streichen, das in Ihrem Kopf die dominierende Schicht sein wird. Dies nennt man „absoluten Glauben haben".

Was passiert, ob es Ihnen gefällt oder nicht, Sie sind an Ihre Vergangenheit gebunden und diese repräsentiert hauptsächlich die Stadien Ihres Lebens nach dem Prinzip der positiven oder negativen Konsolidierung, einer Abfolge von Ereignissen, die bestimmte Überzeugungen bestätigen und andere bestätigen.

Der gegenwärtige Moment, das Selbstwertgefühl, die Distanziertheit und der positive Fokus sind die Säulen, die Sie zu einem Gewinner machen.

Gleichzeitig bist du dir deiner selbst sicher und hast den Keim dieser Angst in dir! Deshalb habe ich Ihnen am Anfang dieses Buches einige Anweisungen gegeben.

Eine der Befürchtungen ist, dass Ihre Projekte von anderen sabotiert werden. Habe ich recht?

Was sind Sie bereit zu tun, um sich zu ändern? Bist du bereit für den nächsten Tag? Zwei Tage später ? Welche Form des Engagements haben Sie dazu?

Du willst alles, was aus der zweiten Welt kommt, während du in der ersten Gefangenschaft einer Realität bleibst, die du nicht willst.

Leben Sie nicht in zwei verschiedenen Sphären, Sie werden nichts anziehen, wenn Sie nicht auf Ballast verzichten, der Ballon wird nicht vom Boden abheben, aus Ihrer Komfortzone aus seiner Routine, seinen Gewohnheiten herauskommen, verantwortungsbewusster werden und nicht abhängig von anderen.

Es ist unmöglich, auch wenn es sehr verwirrt ist, an zwei Dinge gleichzeitig zu denken, zwischen dem Wunsch nach 1 Million Euro und dem Warten auf sein Gehalt, verstehen Sie, dass es eine Form von Widerspruch gibt? Das Universum weiß nicht, was Sie wirklich wollen, es ist wie in ein Restaurant zu gehen, und der Kellner wartet darauf, dass Sie Ihre Wahl treffen, und zu zögernd, erhalten Sie Suppe.

Loslösung ist dabei sehr wichtig! Lass los, was du nicht mehr willst! Möchten Sie zu Beginn des Monats weiter auf Ihr Gehalt warten? Oder möchten Sie mehr Geld verdienen? Welche Summe? Sei genau !

Sie sind wie die Masse der Menschen, die auf ihren Lohn warten, immer Geld brauchen und immer an ihr Gehalt denken. Sie rechnen mit 1 Million Euro und gleichzeitig mit 1500 Euro (vorausgesetzt, es handelt sich um Ihr monatliches Gehalt), und das ist, wie ich Ihnen sage, ziemlich verwirrend.

Prüfen Sie häufig auf Ihrem Bankkonto, ob Ihr

Gehalt angekommen ist? Mach es nicht mehr, weil es dich im selben Muster blockiert, das du nicht mehr willst! Die, die dich davon abhält, vorwärts zu kommen! Wenn auf Ihrem Bankkonto alles in Ordnung ist, brauchen Sie es nicht anzusehen, und um das Beispiel des Ballons zu nehmen, ist es sinnlos, den Ballast loszulassen, wenn Sie das Seil nicht lösen, und es ist auch ein Problem für Sie, Sie sind an das gleiche Schema gebunden.

Normalerweise müssen Sie nicht ständig auf Ihr Bankkonto schauen, wenn Sie Ihre Schulden begleichen und auf Ihre Ausgaben achten. Auch dies ist eine Verlierer-Haltung, die immer besorgt darüber ist, wie viel noch übrig ist, und dies steht nicht im Einklang mit Ihrem tiefsten Wunsch.

Wir können uns nicht in Phase versetzen, das heißt das Gefühl haben, bereits sein tiefstes Verlangen zu haben, zu sagen, dass wir wohlhabend sind, während die äußeren Ereignisse Ihnen das Gegenteil beweisen (Anruf der Bank oder der Post des Gerichtsvollziehers zum Beispiel).

Vermeiden Sie vermintes Land, wie das zwanghafte Einkaufen auf betrügerischen Websites, vermeiden Sie Ausgaben auf unbekannten Websites und gehen Sie nur zu vertrauenswürdigen Websites und stellen Sie sich die Frage "Warum möchten Sie diesen Kauf tätigen?".

Vermeiden Sie, im Supermarkt das mitzunehmen, was Sie nicht wirklich brauchen.

Nehmen Sie einen gesunden Lebensstil an, aber ich bitte Sie nicht, sich alles vorzuenthalten, eine kleine Lücke, es kann passieren, aber es sollte nicht übermäßig sein.

Wenn Sie in zwei Sphären leben, in der realen Welt und in der Welt, in der Sie leben möchten, müssen Ihre Gedanken, wie ich bereits sagte, authentisch bleiben, und dass Sie auch nach dem Erfolg nicht in die Falle des Lebens zurückfallen das hattest du schon mal!

Sieh Dich um!

Abgesehen von den Schulden, die Sie (wie oben vorgeschlagen) im Nachhinein bezahlen, was ist mit Ihrem Leben los? Nichts ! Absolut gar nichts !

ALLES
GEHEN
GUT !

Die einzigen Grenzen sind die, die wir auferlegen!

Wenn Sie zum Beispiel ein Spieler sind, machen Sie jede Woche ein kleines Lottogitter "zum Spaß", sagen Sie!

Aber unbewusst liegt die Hoffnung, den Jackpot zu gewinnen (hör auf, dich selbst zu belügen!)

Deshalb kann ich Ihnen jetzt sagen, dass Sie niemals oder zumindest nur geringe Beträge gewinnen werden, die Ihrem PARADIGMUS entsprechen.

Sie sind programmiert zu verlieren! Traurige Realität, aber genau das ist es!

Wie schön ist es, vom Lotterie-Jackpot zu träumen, das erwartete Leben zu bieten, weit weg von "Sorgen" und "Schulden" (ich unterstütze diese Worte freiwillig, denn nur um es hervorzurufen, denkst du darüber nach!).

Bedeutet das, dass kaum etwas verloren geht ? Nein !

Um den Jackpot zu gewinnen (und nicht zu hoffen), müssen Sie "THE FAITH" haben

Es ist ein schwer zu meisterndes Konzept!

Um Ihnen zu helfen, das Ausmaß des Problems zu verstehen, lade ich Sie ein, Ihr Gehalt auf alle Glücksspiele zu setzen.

Wollen Sie verstehen, wie viel Angst Sie haben werden? Sie werden es nicht wagen, den Sprung zu wagen, denn ein ganzes Gedankensystem beginnt in Verbindung mit Ihrer Programmierung, Ihrem "PARADIGM".

Genau das passiert in kleinerem Maßstab, die Angst, Ihre Wette zu verlieren "ist wirklich da!" Mit der Möglichkeit, kleine Summen zu verdienen und dabei den Wunsch zu haben, Millionen zu verdienen, verstehen Sie etwas besser, was passiert? Es ist ziemlich verwirrend in dir und deine Ideen sind nicht sehr klar.

Ihre Erfahrungen in der Vergangenheit haben Vorrang in Ihrem Leben, Sie haben Spielkarten zerkratzt oder Zahlen angekreuzt, auch wenn Sie dem Horoskop gefolgt sind, nichts hat sich geändert, und es ist zu einer wiederkehrenden Gewohnheit in Ihrem Unterbewusstsein geworden. Wenn dies schon immer so war, warum sollte sich dies ändern?

Ohne zu viele Fragen zu stellen, warum und wie wird dies geschehen (wie dies geschehen wird, wenn Sie "Vertrauen" haben).

hab Vertrauen" !

Was ist Glaube? Es ist absolutes Vertrauen zu

haben (ein "Unbegrenztes Vertrauen" wie der Titel des Buches von Franck Nicolas), was man tut, ohne sich um die Konsequenzen zu sorgen.

Glauben zu haben ist nicht nur "Ich glaube an dieses oder jenes"

Glauben zu haben bedeutet, sich von der Erde zu lösen, diese Programmierung des Paradigmas!

Es ist die Luft, die Sie zum Beispiel atmen, ohne sich zu fragen, warum Sie es tun, Sie haben Vertrauen in sie.

Sie müssen in erster Linie lernen, das Positive in Ihnen und in Ihrer Umgebung zu kultivieren und sich für jedes Ereignis zu begeistern, um sich mit positiver Energie aufzuladen.

Stellen Sie sich dann vor, alles, was wir uns wünschen, sei sowohl in der Vorstellung als auch im Gefühl bereits in unserer Reichweite.

Das Geld, von dem Sie hoffen, dass es in

Ihrem Kopf auf einem Bankkonto liegt, leben Sie mit dieser Idee, es wird real, wenn Sie nicht hoffen! Lass los und behalte dies in einer Ecke deines Kopfes, lebe mit dem Gefühl, dass alles, was du erwartest, du bereits hast!

Stellen Sie sich ein schönes Haus vor, als hätten Sie es bereits, pflegen Sie das Gefühl der Leistung und des Stolzes, es gehört Ihnen! Weiß irgendwo, dass sie echt ist!

Aber auf keinen Fall sollten Sie ein Gefühl der Ungeduld und Hoffnung geben, denn es wird einen Widerspruch zwischen etwas wollen und es schon haben geben.

Pflegen Sie NUR das Gefühl "schon" zu haben!

Von diesem Moment an wird dein Geist in Harmonie mit deinem Verlangen sein, du wirst auf der richtigen Frequenz vibrieren, mit dem Cinae-Zustand sagst du nicht, dass du dies tust (alles, was ich dir erklärt habe), um zu erhalten!

Denken Sie nur daran, indem Sie die innige Überzeugung pflegen, dass Sie es bereits haben! Nur das! Üben Sie dies mehrere Tage, um Ihr Paradigma zu überzeugen! Es würde ungefähr einen Monat dauern, um dieses neue Programm zu integrieren!

Einatmen und ausatmen, dann lernen, die Welt anders zu sehen und zu hören, lassen Sie sich nicht durch das destabilisieren, was in der Außenwelt passieren kann! Löse dich davon!

Verbessere deine gegenwärtigen Beziehungen, indem du nicht an die Zukunft denkst, nutze den gegenwärtigen Moment in vollem Umfang und konzentriere dich nur darauf, indem du gesunde Gedanken der Güte hast.
Alles wird gut, wenn Sie genau das befolgen, was ich bereits erwähnt habe.

Achten Sie nicht auf Kritik

Die Menschen, die du in deinem Leben triffst, sind an deine Art zu sein gewöhnt und sie können sich sagen, dass es anders nicht möglich ist.

Wenn sich unsere Umwelt verändert, stört dies unsere Umwelt, da wir nicht wissen, wie wir auf diese Veränderungen reagieren sollen, und sich schließlich an unsere Art zu sein anpassen, zerstörerisch auf das reagieren, was wir sind, und uns in schwierige Verankerungen zwingen, die wir überwinden müssen. Sie sind im Wesentlichen eifersüchtige Menschen, die nicht in der Lage sind, für sich selbst zu sorgen, und sie fühlen sich gegenüber jemandem, den sie für schwach halten, elend.

Diejenigen, die kritisieren, sind diejenigen, die es noch nicht einmal versucht haben und nicht zugeben, dass man über sie hinausgehen kann, während sie in ihrer Komfortzone bleiben und immer in Neid und Kritik leben.

Die Entwicklung Ihres Lebens wird von böswilligen Menschen als Scherz empfunden, wie jemand, der es so gewagt hat, dass Sie es wagen, uns zu übertreffen?

Eine persönliche Geschichte, die es mir ermöglichte, meine Schwächen in Stärken umzuwandeln, die mich inspirierten. Kritiker sind ein sehr gutes Werkzeug:

Als ich überhaupt die Initiative ergriff, Bücher zum Thema Persönlichkeitsentwicklung zu schreiben, wusste ich, dass ich der härtesten Kritik ausgesetzt sein würde, aber andererseits würde sich in meinem Leben nichts entwickeln, wenn ich keine Veränderung betätige. Ich bin Risiken eingegangen, aber wenn wir es nicht tun, wer wird es für uns tun?

Kritik kommt hauptsächlich aus Ihrem sozialen Umfeld. Um dies zu tun, achten Sie darauf, Ihre Projekte nicht offen zu präsentieren und sich an sozial erfolgreichen Menschen wie Managern und Händlern zu orientieren. Sie werden jedoch ermutigt, wenn Sie Ihre Absichten direkt preisgeben Für die um Sie herum, aus einem bescheidenen Hintergrund (und hier spreche ich nicht über die Familie, die Sie unterstützen wird, wenn sie es gelernt hat), werden sie das lächerlich finden und über Sie lachen, noch bevor sie die erste Unze Erfolg haben

Bauen Sie Ihre Zukunft auf, ohne sich um andere Sorgen zu machen, und umgeben Sie sich mit guten Menschen

Lass den Erfolg zu dir kommen, und er wird kommen, wenn du es genug glaubst.

Wenn der Erfolg da ist, werden diejenigen, die Sie kritisieren, Sie eifersüchtig machen. Mit der Zeit wird diese Eifersucht jedoch der Vergangenheit angehören, wenn Sie wissen, wie man die Formen ausdrückt, und es wird ein Stolz sein, Sie zu kennen, denn jeder wird Ihrem folgen Modell.

Was eine Angst war, wird zur Begeisterung, und andererseits habe ich sie akzeptiert, da ich (wie alle Erfolgreichen wissen) zu Kritik berechtigt war.

Und ich werde noch weiter gehen und sagen, dass es genau die Kritiker sind, die mir erlaubt haben, mich bekannt zu machen, was ziemlich paradox ist.

Die Schlussfolgerung daraus ist, dass man seinem Instinkt vertrauen und die guten oder schlechten Meinungen anderer einholen muss, denn beide sind wichtig.

Ob Sie für gut oder schlecht bekannt sind, Sie sind sowieso bekannt, und wie ich werden Sie in mehr als zwanzig Ländern der Welt (auch darüber hinaus) bekannt sein.

Kritik ist nützlich, sie ermöglicht es einigen neugierig gewordenen Skeptikern, ihre eigene Meinung zu bilden, sozusagen "zu verkaufen".

Alle Meinungen verkaufen sich, vergessen Sie es nicht!

Deshalb habe ich Ihnen in meinen ersten beiden Büchern gesagt, dass Sie Ihre Schwächen in Stärken verwandeln sollen. Wenn Sie darüber nachdenken, ist es nützlich, alles aufzuschreiben, woran Sie sich erinnern, um zu analysieren, welche Art von Verhalten Sie in diesem Moment hatten. interpretiere dann das Ereignis, an das du dich erinnerst, neu.

Lass mich dir ein paar Fragen stellen:

Die Leute, die dich in der Vergangenheit verletzt haben, hast du sie kürzlich gesehen?

Wenn ja, ist ihr Leben besser als deins?

Warum haben sie auf eine Weise mit dir gehandelt und nicht auf eine andere? Benötigen Sie Zugehörigkeit? Ein böses Wesen unterdrücken?

Dies vertieft in hohem Maße, was Sie sind, Ihre Vergangenheit mit bestimmten Personen, die Ihnen Schaden zugefügt haben, aufgrund von Überzeugungen, die von Ihren Eltern oder Verwandten geäußert wurden, oder einfach Ereignissen, die eine kognitive Auswirkung hatten, die mit einem Gefühl in Verbindung gebracht wurden und Ihnen Informationen darüber gaben, wie sich im Guten oder Schlechten zu verhalten, und dies wurde in deinen Geist eingeätzt und durch Ereignisse der gleichen Art verstärkt.

Die Angst vor anderen war für Sie destruktiv und hat sich direkt auf Ihre romantischen und beruflichen Beziehungen ausgewirkt.

Yomers Theorie

Vor einiger Zeit schrieb ich ein Buch mit dem Titel "Wie programmiere ich mein Unterbewusstsein neu?"

Um es zusammenzufassen, stellen Sie sich ein Glas Wasser vor, das Ihr Universum repräsentiert. Wasser symbolisiert eine arme Umgebung, in der sich die meisten Menschen entwickeln, und sieht aus wie eine reiche Umgebung, die viele gerne erreichen würden.

Der Tischtennisball repräsentiert Ihre innere Welt, er gibt Ihnen eine Wahrnehmung des Universums, je nachdem, was Sie gelernt, erlcbt oder gefühlt haben.

Dieser Tischtennisball hat mehrere innere Schichten, die jeden Aspekt Ihres Lebens darstellen.

Wenn alle Aspekte mit Wasser gefüllt sind, was Armut darstellt, bleibt die Kugel am Boden des Glases in einer Wasserumgebung und umgekehrt, wenn sie mit Luft gefüllt sind (reichhaltige Umgebung oder zu erreichendes Ziel).

Der Kernel repräsentiert das Paradigma, es ist alles, was Sie als Information von den ersten Tagen Ihrer Existenz aufgezeichnet haben. Ihre Werturteile und damit verbundenen Gefühle sind Teil davon. Dies ist die erste Neuroassoziierbarkeit (oder Matrix), oder alle neuen Informationen werden hinzugefügt, sie wachsen wie die Wurzeln eines Baumes in Ihrem Gehirn.

Ein anderer Autor auf dem Gebiet der Persönlichkeitsentwicklung, James Hilman, hat ein Buch mit dem Titel "The Secret Code of Your Destiny" geschrieben, in dem er die Prinzipien von "The Aken" (dem "Kernel") erklärt, der Quelle, die eine Reihe von Ereignissen hervorrief Bring uns dahin, wo wir sind.

Was in der Außenwelt passiert, wirkt sich auf Ihren Geisteszustand aus. Behalten Sie eine Art Lebensraum für sich!

Lernen Sie, wie der Ping-Pong-Ball zu sein, mit einer wasserdichten Hülle, die das Wasser nicht infiltrieren kann. Sie haben den Verstand eines Gewinners, der Sie zum Verlierer macht. Es ist Ihre Durchlässigkeit, die negativen Gefühle und Ereignisse von außen einzulassen. Es ist unmöglich, Ihren Zustand zu ändern, wenn Sie gleichzeitig an zwei Dinge denken.

Es ist, als würde uns das Leben auf die Probe stellen, wenn wir der Außenwelt zu viel Aufmerksamkeit schenken. Für Sie ist es wichtig, sich neu zu konzentrieren und wasserdicht zu sein. Sie können das Problem nicht verbergen, aber nehmen es nicht als solches, suchen nach Lösungen und sehen die Zukunft mit Fortschritten und Herausforderungen

Theorie des Tischtennisballs

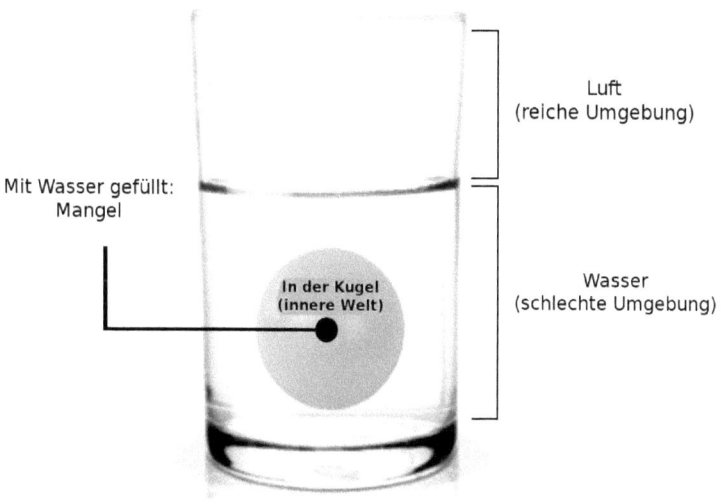

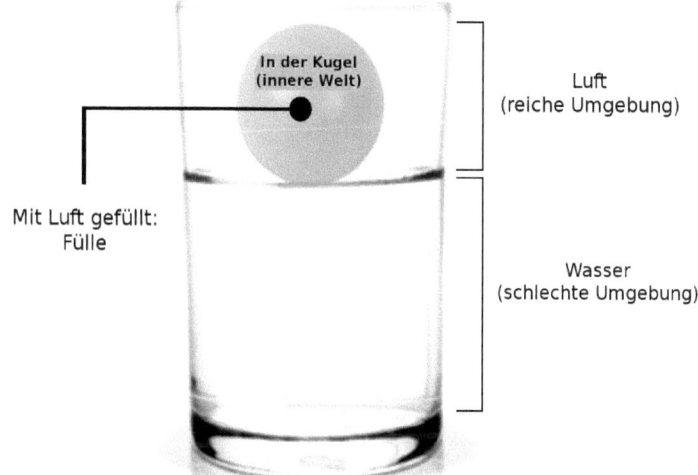

Die Verbindung der beiden Welten

Innerhalb unseres Wesens gibt es zwei Umgebungen, eine ist in der Wahrnehmung der Außenwelt gemäß der Interpretation, die Sie gemäß Ihrem alten Schema vornehmen, wobei Sie begrenzende Überzeugungen in Bezug auf das Paradigma präsentieren, und der andere Teil Ihrer Vorstellungskraft ist das, was ist ermöglicht den Prozess der Schöpfung, mit Ihren Händen Form zu geben, um unsere künstlerische Seite zu enthüllen.

Im Moment bist du dazwischen, einerseits hast du alle bodenständigen Aspekte dessen, was du mit deinem Bewusstsein wahrnimmst, es ist deine Realität, es ist die Welt, in der du lebst, oder zumindest die Interpretation, die du davon haben.

Und dann gibt es deine Fantasie, die es dir ermöglicht, ein Universum zu erschaffen, das mit kleinen Elfen in einem wundervollen Land gesüßt ist. Das Imaginäre ermöglicht es uns, zu werden, wen wir wollen, eine wohlhabende

Person, die von allen geliebt wird und sich um nichts kümmert.

Wir sind größtenteils für unsere Realität verantwortlich, sowohl auf der Ebene der Menschen, denen wir begegnen, als auch für die unglücklichen Umstände unseres Lebens.

Denken Sie daran, dass ich Sie zu Beginn des Buches gebeten habe, Ihre Probleme zu lösen, um die Anziehungskraft zu fördern, die in Ihnen steckt, denn je nach Ihrer Denkweise geschieht nur das Produkt Ihres Geistes, das einen Magnetismus erzeugt hat zwischen dem, was du nicht willst und dir.

Unter allen Umständen und zu jeder Zeit senden wir Signale an das Universum und erzeugen so die Osmose konvergierender Frequenzen (ich weiß nicht, ob ich sehr klar bin!).

Um die optimalen Bedingungen für das Gesetz der Anziehung zu schaffen, müssen zunächst Ihre aktuellen Probleme geklärt werden. Dies ist Ihr Beitrag, und Sie müssen den Verstand frei haben, um den Kurs Ihrer Gedanken zu ändern, denn das ist es Über.

Zuallererst stellen Sie sich die Welt vor, die für Sie ideal wäre, wenn Sie einen Sportwagen, ein sehr großes Haus, Geld und alles, was Sie wollen, wollen! Vergessen Sie nicht anzugeben, welche Arten von Beziehungen Sie möchten und wie Sie Ihre Umgebung in diesem Ideal wahrnehmen.

Behalte diese kleine Welt in einem Winkel deines Kopfes, sie wird für das dienen, was folgen wird.

Dann zeichnen Sie im Stehen einen großen Kreis mit Ihren Händen, beginnend von oben nach unten. Dort haben Sie die Umrisse Ihrer Welt in die Realität der Außenwelt gezeichnet.

In diesem Kreis tust du mit deiner Hand (links oder rechts) so, als würdest du ein Element deines Ideals nehmen (mache die Geste mit deiner Hand, als würdest du es in deinen Kopf nehmen), um es in "deine" zu werfen Welt ", dann werden Sie an eine neue Realität denken, mit diesem eingebundenen Ideal. Dann werden Sie sich selbst davon überzeugen, dass dies wirklich ein Teil der Außenwelt ist.

Atme ein und aus und überzeuge dich von dieser neuen Realität.

Die Außenwelt bist du, der du sie geschaffen hast, deine neue "Welt", du erschaffst sie auch nach dem gleichen Prozess.

Das Universum ist unendlich, es gibt keine Grenzen in der Außenwelt, da Sie "der Schöpfer" davon sind. Hiervon muss man sich unbedingt überzeugen.

Mach dasselbe mit den anderen Elementen deines Ideals, wirf sie in "deine Welt", dann konzentrierst du dich darauf und versuchst dich selbst davon zu überzeugen, dass es Teil deiner Außenwelt ist.

Dann nähern Sie sich diesem Kreis, atmen die Luft auf der anderen Seite, spüren die Emotionen, die er ausstrahlt, nehmen Ihr Ideal auf, "Ihre Welt", die sich inmitten der Realität der Außenwelt befindet, und handeln dann als Wenn Sie eine Tür betreten, sind Sie an der Tür dieser, atmen und fühlen wieder, Sie sind es, die all dies erschaffen, und mit Ihrem Verstand. Sie kehren zu Ihrem Ideal zurück, das überall um Sie herum zu Ihrer Realität wird, ohne zu bemerken, dass es sich ändert.

Was ich gerade beschrieben habe, muss jetzt ein Teil von dir sein, deinen Kopf schütteln oder unter Wasser gehen, das ist deine Realität, ich weiß, dass es im Moment genau nach dem alten Schema deines Lebens aussieht, aber wenn du es weiterhin wahrnimmst In dem Maße, in dem Sie es tief in sich behalten, sagen Sie es vorerst niemandem, lassen Sie die Dinge nach und nach ändern, behalten Sie die gleichen neuen Überzeugungen bei, und ich versichere Ihnen, dass sie in Erfüllung gehen werden. Es dauert einen Zeitraum von 30 Sekunden und 90 Tage je nach Individuum, um die Metamorphosen der Außenwelt zu sehen.

Dies ist deine Schöpfung von Geburt an, es ist deine Schöpfung, und es wird immer wieder sein, nur die Umstände, die sich geändert haben, eine Umkehrung der Polaritäten deiner Existenz.

Um in diesem Realismus Ihres Ideals zu bleiben, müssen Sie eine dreidimensionale Wahrnehmung zwischen dem, was Sie über andere denken und dem, was andere über Sie denken, und dem, was Sie über sich selbst denken und wie Sie sich wahrgenommen fühlen. Fühlen Sie sich wie jemand anders und überall in Ihrer Umgebung, wenn Sie sich für eine Weile darauf konzentrieren, werden Sie auf lange Sicht überzeugt sein, ohne Mühe zu haben, Sie zu überzeugen.

Wie ich schon sagte, in dir steckt eine echte Magie, und die Frequenz, die du aussendest, wird in Osmose mit der deiner Wünsche im Universum sein.

Wenn du es richtig verstehst, bringst du deine Vorstellungskraft zurück in deine Realität und fühlst dies als wahr, und es wird sich einstellen, wenn du genau das befolgst, was ich dir gesagt habe.

Alles, was Sie denken, ist ein wesentlicher Bestandteil Ihrer Realität

Alte Realität

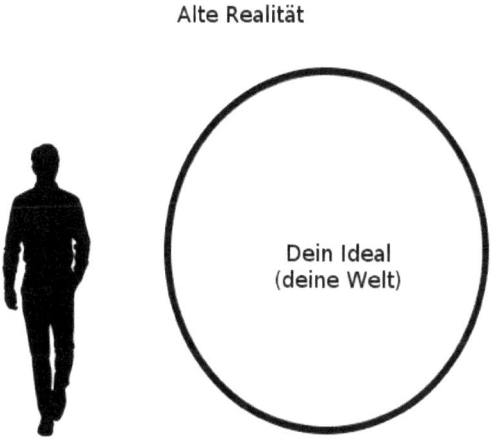

Dein Ideal
(deine Welt)

Integration in Ihre neue Realität

Reale Welt   imaginär
(Erkennt)   (Unbewussten)

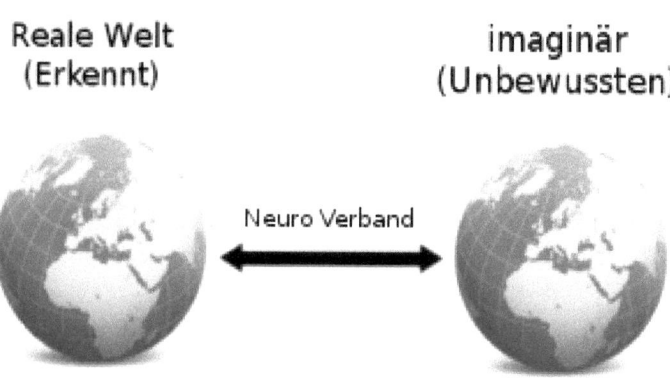

Neuro Verband

Konvergenz der beiden Welten

Gestation der neuen Realität
(Dauer zwischen 30 und 90 Tagen)

TEIL II:
PRAKTISCH ANWENDEN

KAPITEL 8:
TIPPS FÜR DAS ATTRAKTIONSRECHT

"Was auch immer passiert, behalten Sie Ihre Meinung immer über der Linie!"
(Yoann MERITZA)

Wir werden eine sehr wichtige Phase in Angriff nehmen, die dem Gesetz der Anziehung gewidmet ist. Aber bevor Sie darüber sprechen, nehmen Sie die starke Verpflichtung in sich auf, sich daran zu halten.

Warnung ! Im Folgenden werde ich Sie um die größte Aufmerksamkeit bitten. Was ich Ihnen sagen werde, wird Sie zu allem bringen, was Sie wollen, wenn Sie konzentriert bleiben.

In diesem Buch habe ich mein gesamtes Wissen über das Gesetz der Anziehung weitergegeben. Dieser Teil bietet Ihnen alle Methoden, um Ereignisse hervorzurufen, die Ihr Leben verändern werden. Ich würde mir wünschen, dass die Person, die Sie sind, besser auf eine bessere Zukunft vorbereitet wird und von allen Fortschritten überrascht wird, die Sie machen können. Das nächste Jahr wird nicht mehr vergleichbar sein, weil Sie ein höheres Niveau erreicht haben. Hinter dir verbirgt sich ein Schatz, und mit jeder Veränderung in deinem Leben gräbst du ein bisschen tiefer, um deine Fähigkeiten zu entdecken, denn für mich bist du dazu in der Lage! Sie werden es sich selbst beweisen können, indem Sie Ihre Gewohnheiten ändern, werden Sie zu einer anderen Person, und Sie werden besser in der Lage sein, sich zu beweisen, dass er immer eine Kerbe über (über der Linie) erreichen kann.

Die Methode, die ich Ihnen vorschlage, besteht darin, mehrere Ebenen unserer Existenz zu durchlaufen, bevor wir die Fülle erreicht haben. Diese kann verschiedene Formen annehmen. Ich werde mit Ihnen eine nach der anderen sezieren. Alle Ebenen nähern sich Ihnen schrittweise Ihrer Ziele.

Es geht darum, eine Gewohnheit nach der anderen zu ändern und sie gut zu verankern, bevor wir zur nächsten übergehen. Wenn es gut in Ihrem täglichen Leben ist, haben Sie das nächste Level bestanden.

Wie geht es weiter? Ich werde Ihnen eine Liste der zu erledigenden Aufgaben geben, von denen jede mindestens einen Monat dauern sollte, und dann mit dieser neuen Gewohnheit eine andere kombinieren.

1) Beheben Sie Ihre Probleme, damit Sie nicht erneut darüber nachdenken und kein zusätzliches Geld ausgeben müssen:

Ich weiß, dass in einem Monat nicht alles gelöst sein wird, aber Sie sind in der Phase, um es zu tun! Während dieser Zeit werden Sie nach allen möglichen Lösungen suchen, um alle Ihre Schulden zurückzuzahlen. Bis dies behoben ist, werden Sie es ständig überdenken.

Sie suchen nicht mehr nach Problemen, sie kommen hauptsächlich aus Mangel, und an Attraktivität ist dies gleichbedeutend mit Misserfolg.

Es ist besser zu haben als zu wollen, eine Liste von allem zu machen, was du hast, Gesundheit, Arbeit, ein Dach über dem Kopf ...

Hör auf, ständig im Muster der Not zu leben! Sie haben Dinge zu Hause, die Sie gerne ersetzen möchten, weil einige von ihnen Ihnen nicht mehr gefallen oder veraltet sind.

Was passiert, wenn Sie ein Möbelstück oder den Fernseher verändern wollen, selbst wenn Sie diese Objekte visualisieren, Ihr Paradigma fängt Sie ein und flüstert: "Ja, aber mit welchem Geld werden Sie dafür bezahlen? Oder wie wollen Sie dorthin gelangen? "Es ist nicht selbstverständlich, alles mit einem Damoklesschwert im Auge zu haben. Unter diesen Umständen ist es unwahrscheinlich, dass sich unter Berücksichtigung der Möglichkeit des Besuchs eines Platzanweisers oder einer empfohlenen Bankform eine echte Veränderung ergibt. Verstehen Sie das, wenn Sie denken." Wohlstand, während Sie an Ihre Schulden denken, gibt es eine Form der

Inkompatibilität zwischen diesen beiden Formen des Denkens.

Du hast eine kleine mentale Sperre in dir, die dich zurück auf den Boden bringt, in dieser Realität, die durch das Paradigma geprägt ist.

Es ist eine ungelöste Sache in Ihrem Kopf, und Ereignisse im Leben lassen Sie zurückdenken, ob es sich um familiäre Probleme handelt, auf Ihrer Ebene, in Ihrer Umgebung oder anderen

Selbst wenn Sie die Haltung einnehmen, nur das Positive zu sehen, ist es, als ob Sie der Straße direkt vor Ihnen vertrauen und gleichzeitig die Angst vor einem Reifenschaden oder einem Motorschaden haben.

2) Lies zwei Bücher pro Monat

Sie werden sich daran gewöhnen, Bücher zu lesen, auch wenn nur ein paar Seiten pro Tag (zwanzig, es ist schon nicht schlecht), einen Moment Ihres Tages verbringen, mindestens eine Stunde dazu, es ist 24 Stunden möglich, habe ich immer gesagt und ich werde immer sagen, Kultur wird Ihnen die ganze Zeit dienen, und für mich ist die Lektüre eine echte Magie, weil sie Ihren Geisteszustand radikal verändert, Ihnen das Gefühl gibt, überlegen zu sein, und zum Beispiel Zweifel an philosophischen Themen beseitigt!

Kultur bringt Menschen zusammen und Sie werden Menschen treffen, die die Akteure Ihres zukünftigen Lebens sind (selbst kultiviert) und Sie in ein neues soziales Schema führen. Und konkret, selbst wenn Sie langjährige Freunde haben, was bringen Sie wirklich mit? Haben sie sich weiterentwickelt, sind sie reich? Oder stagnieren sie in ihren Schwierigkeiten? Man kann glauben, was ich behaupte, aber es sind nicht die Menschen, denen Sie in Ihrem täglichen Leben begegnen, die Ihre soziale Verfassung verändern werden, weil Sie Teil desselben Musters sind Treffen Sie interessantere Leute, und das wird Ihre sozialen Verbindungen verändern.

Nichts erfordert, dass Sie nur Bücher über die persönliche Entwicklung lesen. Sie können durch Lesen anderer Themen wie Philosophie, Kant, Nietzsche, Plato, Konfuzius variieren oder Sie können sich in Englisch, Französisch, Mathematik oder in Geschichte verbessern. Das Ganze versucht nicht um jeden Preis zu verstehen, was in diesen Büchern steht, sondern einen Wiederholungsprozess zu betreiben, indem mehrere Bücher des gleichen Themas gelesen werden. Sie werden den Eindruck haben, dass Sie, weil unbewusst, bereits gesehen wurden wird einen Teil behalten haben, und diese Phase der Wiederholung füllt den Rest.

Es ist, als würde man eine Statue in einem Museum sehen. Es ist gut, sie von vorne zu sehen, aber ändern Sie einfach den Blickwinkel und sehen Sie an den Seiten, kurz gesagt, an allen Nähten, um die integrale Arbeit mit Präzision in Ihrem Kopf zu sehen .

Ihr Wissen wird wachsen und Ihr Selbstvertrauen wird auch Ihre Überzeugungen verbessern. Je mehr Sie sich angewöhnen, täglich zu lesen, desto mehr werden Sie Wissensdurst haben.

Zwinge dich dazu! Obwohl ich weiß, dass es für einige von Ihnen langweilig ist zu lesen, die Anzahl der Seiten oder den Inhalt von ihnen zu sehen.

Und doch, lesen Sie meine, was ist das anders? Das Thema, das ich benutze, ist leidenschaftlich, aber beschränken Sie sich nicht auf dieses, die Welt der Kultur ist sehr groß.

Wenn Sie im Kleinen nach dem anderen lesen (20 bis 30 Seiten pro Tag), werden Sie nicht einmal über die Anzahl der Seiten nachdenken, so dass Sie absorbiert werden, und Sie werden auch nicht einmal über Ihre Probleme nachdenken wird zu einer täglichen Gewohnheit, und ich würde besser sagen, es wird ein Vergnügen, es wird Ihnen viel bringen, besonders wenn Sie Ihre Energien positiv aufladen (vorausgesetzt, Sie lesen keine Romane, die als "schwarz" bezeichnet werden).

Ihre Sinne werden wach sein und Sie werden jedes Wort in Ihnen fühlen.

Wenn ich etwas empfehlen kann, bestehen Sie im ersten Monat stark darauf, dann wird es Ihrem Verstand Zeit geben, sich täglich an diese Änderung des Tempos zu gewöhnen, sehr wenig im Einklang mit dieser Gewohnheit.

Darüber hinaus haben Sie auch TV-Kanäle, die wissenschaftliche und kulturelle Programme anbieten, auch wenn sie nicht interessant sind, versuchen Sie, mindestens eine Show anzusehen, nur um Ihre Neugier zu wecken, über den Bau von Dämmen durch Biber, weiß jemand, wie Sind ihre Gebäude tatsächlich gebaut?

Ich schlage vor, dass Sie den folgenden Test machen:

Schreiben Sie einen Satz auf ein Blatt Papier!

Schreiben Sie auf, was Ihnen gerade einfällt.

Falten Sie es in 4 Teile und bewahren Sie dieses Blatt Papier an einem geheimen Ort auf. Spielen Sie vor allem das Spiel!

Lesen Sie es ein Jahr lang nicht.

Beginnen Sie in dieser Zeit, leise Bücher zu lesen, und nehmen Sie dann Ihr Blatt Papier heraus, auf das Sie den Ausdruck Ihrer Wahl geschrieben haben!

Finden Sie, was Sie bemerkt haben, ist absurd? Es ist normal ! Du hast dich weiterentwickelt!

Eine der Möglichkeiten, um zu erkennen, wie weit Sie gekommen sind, können Sie stolz auf sich selbst sein, Ihr Geist ist gewachsen!

Aber ich sage nicht, dass du nach einem Jahr damit aufhören sollst, du kannst dein ganzes Leben lang weitermachen, in einem Jahr wirst du 24 Bücher gelesen haben und danach hoffe ich auf dich.

3) Sieh seine dunkle Zukunft nicht mehr

Wir müssen das Leben im gegenwärtigen Moment pflegen und uns auf das Positive konzentrieren. Denken Sie daran, wie ich bereits sagte, dass Sie der Schöpfer Ihres Schicksals sind und was Sie denken, bestimmt, was Sie sind! Das Universum reagiert immer auf die Aktualität Ihrer Gedanken, und Ihre Gedanken werden durch das, was das Universum an Sie zurücksendet, das heißt, was Sie an Sie gesendet haben, konsolidiert. So gesagt, ich verstehe, dass es kompliziert aussieht, aber lass mich entwickeln!

Was passiert, ist eine Form der Osmose zwischen Ihrer Denkweise und dem Universum, alles ist von der Geburt bis jetzt in einem konstanten Gleichgewicht, die Art und Weise, wie Sie Dinge wahrnehmen, ist genau so, wie Sie es freiwillig vorgeschlagen haben oder nicht, und Sie werden immer geplagt sein von diesem Teufelskreis, wenn Sie Ihre Wahrnehmung der Dinge nicht ändern! Es wird wieder, wieder und wieder sein!

Wenn Sie zum Beispiel noch nie eine Chance

im Leben gehabt haben, sagen Sie das tief in Ihrem Inneren. Es ist eine Überzeugung, die es schon sehr lange in Ihrem Kopf gibt, und Sie sagen: "Warum? anders sein? "

Diese tiefe Überzeugung sendet ein Signal zurück an das Universum und reagiert auf Sie effektiv und im Gleichgewicht mit dieser Art von Gedanken.

Versuchen Sie, anders zu denken, indem Sie sich sagen, dass Sie Glück haben, fühlen, was Sie denken, und versuchen Sie, sich davon zu überzeugen, diesen Teufelskreis zu schwächen, der für eine Weile sehr präsent bleiben wird! Äußere Umstände sind, was sie sind, Sie werden sie nicht im Handumdrehen ändern können, alles ist Teil eines längeren oder kürzeren Prozesses, aber Sie können sich anders wahrnehmen als jemand, der Glück anzieht.

Habe ständig die Vorstellung, dass alles gut läuft! Wiederholen Sie es geistig und mündlich, während Sie flüstern: "Alles läuft gut! Konzentrieren Sie sich im Moment nur darauf. Insbesondere, wenn Sie meinen Empfehlungen gefolgt sind und Ihre Schulden beglichen haben (oder kurz vor der Lösung stehen) und Sie Ihre Freunde behandeln Englisch: emagazine.credit-suisse.com/app/art...1007 & lang = en Aus welchen Gründen würden Sie umdenken? Nichts! Weil alles in Ordnung ist und alles in Ordnung sein sollte.

Überwachen Sie Medien wie BFMTV nicht mit dem, was heute in Paris mit gelben Westen oder Zeitungen im Zusammenhang mit Katastrophen passiert. Nichts hindert Sie daran, sich auf dem Laufenden zu halten, aber nicht langfristig, es beeinflusst Ihre Moral und sieht alles in Schwarz Wenn Sie sich involviert fühlen, ist es besser, dies im Nachhinein zu betrachten und sich selbst zu sagen, dass sich die Situation für Sie verbessern wird.

Mach dir keine Sorgen um den nächsten Tag und sieh sie anders, indem du die magische Redewendung wiederholst, jeden Tag in deinem Kopf mindestens zehn Mal am Tag, wenn du aufwachst. "Heute ist ein guter Tag, das Beste von allem und morgen wird es sein besser und besser! Und dann, am Abend, bevor Sie ins Bett gehen, fühlen Sie sich dankbar für diesen Tag, wie auch immer das Ergebnis sein mag. Indem Sie sich für das Universum der Lektionen bedanken, die Sie gelernt haben, weil es überhaupt keine negativen Dinge gibt, sind diese gerecht Hinweise, die das Universum Ihnen gibt, um bestimmte Situationen zu korrigieren. Dies sind hauptsächlich Stöße Ihres alten Musters, die sich mit der Zeit verringern müssen. Sie haben die Möglichkeit zu korrigieren. Fallen Sie nicht in die Falle dieses alten Schemas (das Sie will nicht mehr). Vertraue dem Universum, es ist da, um dir zu helfen, auch wenn die Umstände das Gegenteil zeigen. "

4) Hör auf dich zu beschweren

Genießen Sie alles, was Sie haben, seien Sie glücklich und dankbar für das, was das Leben zu bieten hat.

Lernen Sie, dem Leben selbst dankbar zu sein, denn trotz allem, was passiert, vergessen wir oft das Wesentliche, die Kraft der Interaktion mit der Außenwelt, etwas, was wir nicht tun können, wenn wir einmal gestorben sind.

Solange es Leben gibt, gibt es Hoffnung, und diejenigen, die sich über ihr Unglück beklagen, sollten sich den hervorragenden Dr. Hawking genauer ansehen, der ein sehr großer Wissenschaftler war, und das trotz seines Handicaps.

Der Körper ist die physische Manifestation des Geistes und wenn Sie dies verstehen, stehen Ihnen alle Möglichkeiten offen!

Seien Sie bereits dankbar für das, was Sie bereits haben, verpassen Sie nichts, lernen Sie, im gegenwärtigen Moment mit Gelassenheit gut zu leben, um mehr aus dem Universum herauszuholen! Der gegenwärtige Moment ist "DER" wesentliche Schlüssel, mit dem Sie die Türen zum Erfolg öffnen.

Wenn dir nicht gefällt, was du hast, wie kannst du dann lieben, was du haben wirst?

Außerdem haben Worte und Gedanken Macht über die Umstände Ihrer Existenz, was bedeutet, dass Sie dem Universum jedes Mal, wenn Sie sich beschweren, ein Signal senden, das mit einer Emotion verbunden ist.

Zum Beispiel, wenn man denkt, dass man kein Glück hat, riskiert man genau die Bedingungen zu schaffen, für die man keine hat!

Es ist dasselbe für diejenigen, die denken, dass Männer so sind, oder Frauen so, wenn sie a priori einige Leute haben, werden sie nicht überrascht sein, sich allein zu finden.

Das gleiche gilt für diejenigen, die sich über die Reichen beklagen, während sie den tiefen Wunsch haben, einer zu werden, vergessen Sie nicht, das Universum ist ein gigantischer Spiegel.

Also hör auf dich zu beschweren! Liebe die Menschen um dich herum! Ob reich oder arm, vergessen Sie nicht, dass dies die Reflexionen Ihrer selbst sind

5) Wünschen Sie das Beste für Ihre Umgebung

So neugierig es auch scheinen mag, selbst wenn die Beziehung zu Ihren Mitmenschen angespannt ist, möchte ich Sie bitten, sie nicht zu beurteilen und ihnen das Beste zu wünschen (auch wenn sie es bereits haben und auf einem besseren Niveau sind als Sie).

Je mehr Sie möchten, dass andere aufsteigen, desto mehr werden Sie an der Reihe sein. Und wenn Sie möchten, dass sich die Situation für sie verbessert, werden Sie auch nicht danach gefragt. Sie werden mit dem, was sie haben, zufrieden sein und Sie oder andere nicht um Hilfe bitten. Vielleicht helfen sie dir beim Klettern, aber ich garantiere dir nichts!

Bitten Sie Ihren Chef um eine Beförderung zu Ihrem Chef, dass sein Geschäft funktioniert, und wenn es sich für ihn als gut herausstellt, ist es für Sie dasselbe, denn ein Geschäft, das schief geht, ist irgendwo gleichbedeutend mit Entlassung. Sie möchten nicht, dass das Boot sinkt, während Sie an Bord sind! Nutze dein Herz und sei authentisch mit dem, was du willst!

Im Universum ist es besser, das zweite Seil zu sein als das erste. Es gibt Leute, die dich hochziehen können, anstatt alleine auf einen Berg voller Schwierigkeiten zu klettern.

Um zusammenzufassen, was Sie für andere tun werden, werden Sie für sich selbst tun.

Im täglichen Leben begegnen wir Menschen aller Art, einige helfen uns beim Fortschritt, wie zum Beispiel Schullehrer, und andere lehren uns (freiwillig oder nicht) den Rückschritt, entweder durch gutes Denken oder mangelndes Vertrauen (dieser zweite Fall betrifft im Allgemeinen Narzisstiker)).

Für diejenigen, die uns zum Rückschritt bringen, geschieht es in Form von Kritik, immer um den Erfolg anderer zu eifersüchtig zu machen oder um die Schwächsten des

Geistes herabzusetzen, dann sind Sie im Griff sogenannter "giftiger" Wesen, die sehr begabt sind untergraben unsere Moral, sobald wir ihre abfälligen Bemerkungen beachten.

Infolgedessen haben sie, indem sie in ihr Spiel eintreten, Macht über uns und hindern uns daran, uns weiterzuentwickeln. Sie sind Menschen, die ein geringes Selbstwertgefühl haben und immer das Bedürfnis haben, in anderen eine Form von Unterwerfungsmacht zu suchen.

Außerdem ist es wichtig, wenn Sie eine geistige Veränderung in Angriff nehmen, den Kontakt dieser Art von Personen zu vermeiden und sie zu ignorieren.

Auch wenn die Äußerungen Sie erreichen können, sagen Sie, dass es das Ziel der Verfasser ist, diese zu ignorieren und Ihnen zu vertrauen!

Wenn Sie glauben, dass Sie mehr können, als andere behaupten können, dann sind Sie es wirklich.

6) Beurteilen, kritisieren oder beleidigen Sie nicht

"Der Mensch ist ein Tier für den Menschen! Wie ein berühmtes Zitat sagen würde.

Sie werden die Beziehungen, die Sie zu Ihrer Außenwelt haben, ändern. Ich weiß, dass es am Anfang nicht einfach sein wird, aber du musst mit deinen alten inneren Dämonen kämpfen. Dale Carnegie spricht sich in ihrem Buch "Wie man Freunde findet" dafür aus.

Wie ich bereits erwähnt habe, sind Sie es, die Ihre äußere Welt aus Ihrer inneren Welt aufbauen, dies ist das Phänomen der Synchronizität, und Sie tun es immer noch, was Sie jeden Tag leben, ist immer noch in Phase mit dem Universum.

Wenn Sie sich zu sehr auf sich selbst konzentrieren, sendet Ihnen Ihre Umgebung dasselbe Signal. Das heißt, Sie treffen Leute, die sich zu sehr auf sich selbst konzentrieren, und Sie werden nur anziehen, dass wir uns nicht für Sie interessieren, so schockierend es auch sein mag.

Seien Sie in diesem Punkt sehr vorsichtig, Sie riskieren, Konkordanzen mit Ihrem alten Schema zu erstellen, das heißt, jetzt, wo ich Ihnen das gesagt habe, werden Sie sagen: "Eule! Es ist Fastoche!". In der Tat, wenn es einen Punkt gibt, den das Universum mag und vor allem, dann ist es Authentizität.

"Spielen Sie nicht das Spiel, um das Spiel zu spielen! Denn hinter dem Wunsch, sich für andere zu interessieren, wenn Sie es tun, um Ihre kleine Person zu verbessern, wird es nicht funktionieren! Warum? Sie sind immer noch in einem Ego-Schema, tun Sie es nicht weil ich es dir sage, aber nur wenn du weißt, wie man "SINCERITE" zeigt.

Versetzen Sie sich in die Lage Ihrer Mitmenschen! Möchten Sie beurteilt, kritisiert oder beleidigt werden? Selbst wenn einige Leute nein sagen, tun Sie es unbewusst! (Ich versichere Ihnen, ja!)

Wenn du dein Herz darauf legst; Wenn Sie lernen, Menschen zu verstehen, werden Sie feststellen, warum sie so sind!

Ich bitte Sie nicht, ihren Bitten nachzugeben, um ihnen bei einem schweren Schlag zu helfen, nur um sie trotz ihrer Mängel zu verstehen und zu schätzen.

Das Universum besteht aus zwei Welten, von denen eine in jedem Lebewesen enthalten ist und die andere nach außen. Diese beiden Welten funktionieren nach der gleichen Resonanz.

Erstens haben Sie die Macht, die Vergangenheit, die Gegenwart und die Zukunft zu kontrollieren. Indem Sie alle Gefühle in Bezug auf die Kindheit überdenken? Das Lernen, das Sie vom Leben hatten. Deine eigenen Erfahrungen und die Bedeutung, die du ihnen gegeben hast.

Dann, im Raum, da Sie Teil eines Ganzen sind, kommunizieren die innere und äußere Welt auf den gleichen Frequenzen miteinander, die Sie senden, sind identisch mit denen, die Sie empfangen!

Wenn Sie sich selbst unterschätzen oder eine andere Person unterschätzen, wird dies früher oder später auf Sie zurückkommen, oder es passiert immer noch in Ihrem täglichen Leben. Seien Sie also vorsichtig, was Sie in dem Buch schreiben. Universum!

Nimm den Test! Wie oft haben Sie Ihre Mitmenschen kritisiert oder beleidigt? Es können Worte oder Gedanken sein (beides beachten!). Nehmen Sie die vollendeten Tatsachen auf sich, indem Sie sich fangen!

Stellen Sie einen Rekorder in Ihrer Nähe, in Ihrer Tasche oder auf einem Tisch ab und lassen Sie den Rekorder eine Weile laufen. Kehren Sie dann zu Ihrem Unternehmen zurück oder unterhalten Sie sich mit einem Freund.

Sie werden auch sehen, dass selbst Ihre

Freunde Sie am häufigsten zur Kritik drängen werden, treten Sie nicht in das Spiel ein!

Spulen Sie zurück und hören Sie zu, wie Sie mit Ihrem Freund oder Ihren Freunden über einen Kollegen sprechen.

"- Ich habe heute" so und so "gesehen, er hatte einen alten Mantel an und sah aus wie ein armer Kerl!

- Es ist wahr ! Was für ein armer Kerl! "

Gerade dieser Satz kann Ihnen die gleichen Umstände bringen, über die Sie sprechen, auch wenn Sie darüber nachdenken, sich neu bilden und lernen, Menschen zu respektieren, auch wenn sich die Umstände nicht dazu eignen.

Ich sage nicht, dass das Beispiel genau das wiedergibt, was um Sie herum gesagt wird, aber irgendwann in unserem täglichen Leben können wir nicht verhindern, dass wir direkt oder indirekt negativ beurteilen, dass es in unserer Natur liegt.

Sei konstruktiv mit gesünderen Gedanken und Selbstanalyse! Ist nicht alles, was dir in deinem Leben passiert, das Ergebnis eines Verhaltens, das du vor ein paar Wochen oder in der fernen Vergangenheit hattest und dessen Früchte du noch erntest?

Das Problem liegt nur in dir, in dem, was du lernst und in dem, was du lernst, wenn du urteilst und beurteilt wirst.

Vermeiden Sie die giftigen Menschen, indem Sie ihnen wünschen, dass sich ihre Situation ändert. Was Sie sagen, ist positiv für andere, wirkt sich auf Sie aus, und wenn Sie es genug glauben, gibt es eine Form von Magie in Ihnen, die es Ihnen ermöglicht, auch wenn sich die Beziehung zu den giftigen Menschen nicht ändert sich weiterzuentwickeln, weil du den anderen das Beste gewünscht hast, und umgekehrt haben diejenigen, die dich kritisiert haben, nur das, was sie dir schicken werden. In jedem Fall müssen Sie ihnen kein Unglück wünschen, es kann auf Sie fallen.

Wenn Sie sich für andere interessieren, werden Sie in den Augen der Welt interessant.

Machen Sie einen Schritt zurück, um sich nur auf sich selbst zu konzentrieren, und außerdem müssen Sie luftdicht sein, in Ihrer inneren Welt leben, die Welt ist so und Sie können es nicht ändern. Sie können jedoch ändern, um alles um Sie herum zu Ihrem Vorteil zu schießen.

In welcher Position möchten Sie zu ihm stehen? Ein Schauspieler oder ein Zuschauer? Ein Anführer oder ein Anhänger?

7) Haben Sie eine andere Wahrnehmung von sich

Sie sind sowohl Schauspieler als auch Zuschauer Ihrer Existenz!

Wenn die Welt um uns herum uns auf eine bestimmte Weise wahrnimmt, ist dies nur die Folge dessen, was Sie an andere gesendet haben. Diese Rückkehr des Bildes hat Sie beeinflusst und in Ihnen Ihre eigenen Dämonen erzeugt.

Nur Sie haben diese Situation unbewusst geschaffen, und selbst wenn Sie zu jung waren, um sich daran zu erinnern, sind es nicht nur Worte oder Gedanken, sondern auch a priori die Art und Weise, wie Sie die Individuen fühlen, die Ihre Welt erschaffen.

Es besteht jedoch die Möglichkeit, den Trend umzukehren. Zunächst müssen wir lernen, uns selbst zu lieben, uns so zu akzeptieren, wie wir sind, und wir können uns verbessern.

Wenn man alles um sich herum beurteilt, wirkt es wie eine Folie, es gibt eine Menge Magie, genauso wie es eine Menge Hexerei in deinen Gefühlen geben kann.

Sie kennen nur eine Welt, die Sie geschaffen haben, indem Sie Menschen und Umstände direkt in Ihre innere Welt locken.

Sehen Sie die anderen, wie sie Sie sehen möchten, und versuchen Sie, ihre Augen zu haben. Die Welt, die dich umgibt, spiegelt wider, wer du bist. Denken Sie daran, dass das Universum ein gigantischer Spiegel ist und Sie der Spiegel des Universums sind.

In Verbindung mit dem, was ich zuvor erwähnt habe, werden wir ein Spiel spielen, aber dieses Mal passiert nichts zu schreiben, alles in deinem Unterbewusstsein.

Stellen Sie sich zunächst die Person vor, die vor Ihnen steht. Dies kann ein Bekannter, ein Familienmitglied oder ein anderer sein. Wie nehmen Sie sich selbst wahr? Zum Guten oder zum Schlechten? Was trägt er ? Wie spricht er mit dir? Beschreibe die Person in dir in deinem Unterbewusstsein!

Damit die Übung funktioniert, müssen Sie an zwei Arten von Personen denken, eine über und eine unter Ihnen.

Sie werden versuchen, sich vor sich selbst zu stellen, sich so zu verhalten, als ob Sie in einen Spiegel schauen, wenn wir annehmen, dass jedes Individuum und jedes Ereignis ein Spiegelbild von uns selbst ist

Schlüpfen Sie einfach in die Haut einer Person, die vor Ihnen steht.

Versuchen Sie, sich von Kopf bis Fuß zu beschreiben, welche Kleidung tragen Sie? Wie scheinen sie zu sein Introvertiert oder extrovertiert? Wie drückst du dich aus?

Beschreibe sie für die Person unter dir im Detail, ihre Gesten, ihre Art, sich auszudrücken, sich zu bewegen, was sie als Kleidung trägt (ihren Stil), versuche dich dann an ihre Stelle zu versetzen und dich nach deinen Vorstellungen zu beschreiben eigene Kriterien

Beobachten Sie, wie Sie reagieren, sich bewegen und ausdrücken, und Sie werden Ihre eigenen Fehler sehen.

Mach dasselbe mit der Person, die sozial über dir steht, nimm seinen Platz ein und beobachte! Warum verhält sich Ihr Chef bei Ihnen so?

Sie werden Ihre eigenen Probleme verstehen. Wenn Sie diese Fähigkeit haben, in anderen zu sehen, was mit Ihnen los ist.

Was wären die Punkte, die Sie Ihrer Meinung nach verbessern könnten? Deine Klamotten ? Dein Verhalten? Die Art, sich auszudrücken?

Versuchen Sie mit dem äußeren Blick, sich selbst zu kritisieren und durch die Augen anderer herauszufinden, was verbessert werden sollte!

Üben Sie vor einem Spiegel mit der Kamera Ihres Smartphones oder Ihres Tonbandgeräts

Versuchen Sie, Ihre Person zu verbessern und sie auf Ihr Ideal hin zu lenken, je nachdem, wie andere Sie wahrnehmen möchten. Indem Sie eine Bestandsaufnahme Ihrer Fehler vornehmen und versuchen, sie zu korrigieren, lernen Sie, Sie mehr und mehr zu lieben. Ihre Beziehungen sind kein Wille Sei nur besser und du wirst für diese kleinen Veränderungen (auch kleinere) und das, was du geworden bist, geschätzt.

Eine Phase Ihrer Überzeugungen über sich selbst wird sich ändern und lernen, Sie zu lieben.

Beobachten Sie die positiven Aspekte dieser Menschen, indem Sie ihnen sagen, dass es ihnen immer möglich ist, sich zu verbessern oder Sie wertzuschätzen, wenn Sie nach den Eigenschaften anderer suchen, und im Gegenzug werden dieselben Menschen Sie finden.

Erleben Sie das Positive in negativen Menschen, Sie werden einen Schatz entdecken.

8) Ändere deine innere Welt

Alles, was Sie tun oder getan haben, definiert, was Sie sind!

Lerne, dich selbst zu verändern, bevor du versuchst, andere zu verändern! Ereignisse und Menschen anders wahrnehmen, und das wird passieren.

Wir alle müssen lernen, Frieden mit uns selbst und mit anderen zu schließen. Ich weiß, es ist alles andere als selbstverständlich, aber es ist wichtig, die Welt um uns herum neu zu überdenken. Es ist das, was wir tun. Wir können es nicht ändern, aber wir können es tun unsere innere Welt verändern, um die richtigen Umstände in unserem Leben für uns zu gewinnen.

Durch Übergangsphasen treten Kindheit und Erwachsensein ein. Jede Phase unseres Lebens verändert die Umwelt und vor allem unsere interne Frequenz.

In Wirklichkeit sind es nicht die Ereignisse, die unsere Wahrnehmung unserer Umwelt beeinflussen, sondern die Interpretation, die wir daraus machen. Die Außenwelt ist das, was sie ist, wir können sie in den meisten Fällen nicht ändern, aber es ist möglich, die

Vision, die wir von ihr haben, neu zu interpretieren und ihre Innenwelt neu zu definieren.

Probieren Sie das folgende Experiment aus, aber ich rate Ihnen dringend, nicht direkt mit Ihren Mitmenschen zu interagieren!

Trainieren Sie sich darin, positive Aussagen in Ihrer Vorstellungskraft zu machen, beginnend mit dem, was Sie am meisten an sich lieben, und spüren Sie die wohltuenden Auswirkungen dieser ersten Aussage!

Wenn Sie dann das gleiche Gefühl wiedergeben, werden Sie an etwas denken, das Sie am wenigsten mögen, und dies tun, zum einen rate ich Ihnen etwas ziemlich Erschwingliches, zielen Sie nicht zu hoch, denn für Ihr Unterbewusstsein muss das, was Sie denken, im Bereich bleiben von glaubwürdig und wahrscheinlich. Er muss überzeugt sein, dass dies passieren kann.

Stellen Sie die Verbindung her zwischen dem bewährten Gefühl für das, was Sie am meisten lieben, und dem, was Sie als negativ empfinden.

Lernen Sie zu lieben, was Sie hassen, ich warne Sie, es ist als eine Situation ziemlich destabilisierend, weil die Verbindung nicht wirklich hergestellt wird, weil Sie für eine lange Zeit programmiert wurden, Sie nicht zu schätzen. Wenn Sie sich jedoch gut fühlen, indem Sie das Gefühl mit einbeziehen, was Sie am meisten lieben, gewöhnt sich Ihr Verstand nach 30 bis 90 Tagen daran. Wenn Sie es regelmäßig jeden Tag tun, wird es nach und nach einbezogen, und Sie werden selbstbewusster wird in dir wachsen.

Ändern Sie Ihren Blickwinkel, betrachten Sie die Außenwelt anders, steigen Sie in die Höhe und denken Sie nicht mehr an das Unzugängliche! Wenn Sie sagen, dass etwas zu teuer ist, werden Sie nie die Mittel haben, es Ihnen anzubieten, im Gegenteil, wenn Sie sagen, dass Sie die Mittel haben, um alles zu kaufen, was Sie wollen, wird es passieren, unter der Bedingung, dass Sie es löschen seine alten Überzeugungen!

Machen Sie mentale Konditionierungssitzungen, um sich selbst zu überzeugen! 20 Minuten bis 1 Stunde am Tag stellen Sie sich nicht nur die Person vor, die Sie sein möchten, sondern fühlen sich auch als solche.

Was sagen Sie normalerweise, wenn Sie sich ein Haus in Ihrer Nähe ansehen? Dass Sie nicht die finanziellen Mittel haben. Jetzt lade ich Sie ein, dasselbe Haus bei Bedarf mehrmals am Tag zu sehen und es mit etwas zu vergleichen, das Sie leicht anbieten können, wie zum Beispiel einen Fernseher! Was Sie tun müssen, ist eine Neuro-Assoziation zwischen dem Gefühl und dem Gedanken, und Sie werden sich tief in Ihrem Inneren sagen, was Sie diesem Haus bieten können, wenn Sie es wirklich wollen. Wenn Sie feststellen, dass all dies absurd ist, dann ist es nur so, dass Sie immer noch in Ihrem alten Muster mit Ihren alten staubigen Überzeugungen leben. Es geht um eine große Arbeit an sich selbst und Ihre alten Überzeugungen werden Sie nicht nirgendwo hinführen, wenn Sie sie weiterhin beibehalten.

Zielen Sie am Anfang nicht zu hoch, gehen Sie Schritt für Schritt, und wenn Sie sehen, dass das, was ich Ihnen sage, funktioniert, wird sich der Glaube beruhigen, dann wachsen, und Sie können zum nächsten Level übergehen

9) Halten Sie Ihr Interieur aufgeräumt

In deinem gemütlichen kleinen Nest verbringst du die meiste Zeit, deshalb ist es notwendig, es für dich und andere in einem angenehmen Zustand zu halten.

Der Zustand Ihres Zuhauses spiegelt wider, wie Ihr Geist ist, alles ist ungleich, nichts ist klar, es fällt Ihnen schwer zu finden, wo Sie sind oder wo Sie anfangen sollen, am Ende sind Sie entmutigt.

10) Hab absoluten Glauben

Einmal absolut zu sein, ist diese Fähigkeit, sich von allem, was wir fürchten, zu lösen und uns der Verwirklichung und Erfüllung Ihrer Wünsche näher zu bringen.

Es ist schwer, an zwei Dinge gleichzeitig zu

denken, einerseits die Aussicht, viel Geld zu verdienen, und andererseits, um über Ihre Schulden nachzudenken, müssen Ihre Gedanken echt sein, dh von nun an auf der Grundlage der Realität Sie bleiben im gleichen Muster, bewusst und sehr bodenständig. Ihre Wünsche müssen Teil Ihrer neuen Realität sein, als ob Sie sie bereits erhalten hätten. Kurz gesagt, Sie sind der Schöpfer Ihrer Realität und der Welt um Sie herum. Wenn Sie sie anders betrachten, werden Sie Veränderungen sehen.

Schau nicht auf die Hindernisse! Es wird immer im Leben sein, und es ist auch für alle Situationen von außen anzupassen, zu lernen, um sicherzustellen, dass es Sie nicht direkt betrifft.

Alles, was Sie trotz des Willens zur Veränderung durch Negativität erleben, ist nur ein Trottel Ihrer alten Überzeugungen, und der Zyklus geht zu Ende, um sich in etwas zu verwandeln, das Sie sich wünschen. Dies ist das Gesetz der Schwangerschaft Das Leben, und während dieser Zeit versuchen Sie, eine

Konstante in Ihren Gedanken und in dem Ideal, das Sie bauen möchten, zu halten.

Was Sie sich merken müssen, ist nur das Ziel, und manchmal gibt es Hindernisse im Leben, die es Ihnen ermöglichen, wieder auf die Spur zu kommen, so seltsam es auch scheinen mag.

11) sei großzügig

Das Universum gibt und im Überfluss, aber wir dürfen nicht vergessen, dass Sie ein Teil davon sind und die Energie zum Zirkulieren gebracht wird.

Wenn Sie nicht an der Reihe sind, kann das Universum Ihnen gegenüber weniger großzügig sein. Denken Sie daran, dass Sie ein Spiegelbild der Welt um Sie herum sind, und jeder Mensch, dem Sie begegnen, wird sich an Sie erinnern, und je nachdem, ob Sie es geben oder nicht, werden Sie nicht bekommen, was Sie wollen!

Wenn Sie anbieten, tun Sie es von Herzen, es bedeutet, dass hinter Ihren Spenden keine

Erwartung stehen darf. Wenn Sie es in der Hoffnung tun, mehr zu bekommen, ist es so, als würden Sie vermisst, weil Warten auch bedeutet, dass Sie nicht über das Geld verfügen gewünschtes Objekt in Ihrem Besitz.

12) Kümmern Sie sich nicht mehr um Ihre Probleme und suchen Sie nach Lösungen

Hören Sie auf, im Muster der Sorgen um verbleibende Probleme zu leben, und schaffen Sie nichts mehr! Schaffen Sie die Umstände eines besseren Lebens ohne äußere Parasiten. Wenn Sie sich Sorgen machen, "erschaffen" Sie selbst die Umstände dessen, was mit Ihnen geschehen könnte.

Hoffe das Beste für die Menschen in deiner Umgebung, denn die Menschen in deiner Umgebung haben einen negativen Einfluss auf deine Moral. Es ist notwendig, den geringsten Kontakt zu diesen Menschen zu deinem Wohl und zu ihrem Wohl zu halten. Und irgendwo, wenn Sie ihnen helfen, sind sie von Ihnen abhängig, und ihre Probleme gehören Ihnen unbeabsichtigt.

Sorgen Sie für ein gesundes Klima, und ohne Probleme beim Überschreiten der Türschwelle müssen sie außerhalb Ihres Hauses bleiben, damit die Harmonie, die Sie zu schaffen versuchen, nicht zerstört wird.

13) in Aktion sein

Nachdem Sie alle von mir erwähnten Prinzipien aufgenommen haben, müssen Sie nur noch Maßnahmen ergreifen. So mächtig die Anziehungskraft auch sein mag, es bedarf einer Investition, die in Richtung des gewünschten Ziels geht.

Ich erinnere dich, auch wenn ich es schon oft gesagt habe, die Magie ist in dir und du bist der Architekt deines Lebens. Wir können nicht hoffen, Dinge in seinem Leben erscheinen zu sehen, während wir leise in seiner Ecke warten, es wäre zu gut.

Ein Gebäude wird nicht von alleine gebaut, nur durch Nachdenken. Es ist notwendig, die Umstände zu schaffen, um das Universum über Ihre Absichten zu leiten und sich von ihm helfen zu lassen.

KAPITEL 9:
FÜR WEITERE

"Was wir tun müssen, um zuzulassen, dass Magie uns erfasst, ist, Zweifel aus unserem Kopf zu werfen. Sobald die Zweifel verschwunden sind, ist alles möglich."
(Carlos Castaneda)

Abschließend möchte ich einige Punkte hervorheben, die Ihnen wichtig erscheinen, damit Sie alle Werkzeuge in diesem Buch anwenden können. Befolgen Sie diese letzten Empfehlungen gut, sie werden Ihnen wertvoll sein.

Mit seiner Realität Schritt halten

Wissen Sie, was passiert, wenn Sie befürchten, dass etwas passiert, oder wenn Sie das Verhalten Ihrer Mitmenschen antizipieren? Zum Beispiel ein Autounfall, der Besuch eines Gerichtsvollziehers, die Beschwerde eines Nachbarn nach einem Streit in Ihrem Gebäude.

Sie bemerken an Ihrer Bestürzung, dass alles,

was aufgezählt wurde, tatsächlich passiert, und wenn es im negativen Sinne funktioniert, warum wäre es in der anderen Richtung nicht dasselbe?

Ihr Verstand ist nichts anderes als die "Katastrophen" -Szenarien des Lebens gewöhnt und Sie vibrieren mit dieser Frequenz. Dies ist hoch und der Auslöser ist Angst.

Von der Kindheit bis zum Erwachsenenalter sind Sie ein Experte dafür geworden, dass negative Manifestationen auftreten, und sie dominieren immer noch Ihr Leben.

Glücklicherweise gibt es positive Manifestationen, aber sie sind seltener, und Sie wissen nicht, welcher Prozess mit Ihnen passiert ist.

Als wir Kinder waren, freuten wir uns darauf, die Weihnachtsgeschenke zu öffnen, aber diese Energie ging mit der Zeit verloren und ertrank in den Schwierigkeiten des Alltags.

Unsere Umwelt ist die Manifestation dessen, was wir während unserer gesamten Existenz gewünscht oder gefürchtet haben. Aber es gibt eine Sache, die Sie tun können, um das Leben von allem zu erhalten, was Sie wollen, ist, es zu überdenken oder es anders zu sehen.

Wenn Sie ein neues Auto mit der innigen Überzeugung wollen, dass Sie es niemals haben werden, dann werden Sie nichts haben, weil Ihre Vibrationsfrequenz in keiner Weise mit dem synchronisiert ist, was Sie sich wünschen. Es zu sagen oder es für gut zu halten, aber vergiss nicht, dass alles Energie und Frequenzen sind.

Vor allem müssen Sie auf der richtigen Frequenz ausgerichtet sein, es ist, als müssten Sie Ihre Wünsche auf einem Talky-Walky oder einem CB erfahren, aber Sie sind nicht auf dem richtigen Kanal, der Sie mit dem Universum in Kontakt bringt.

Sie müssen nur die Frequenz finden, mit der Sie auf das Universum abgestimmt sind, und können interagieren und nach Ihren Wünschen fragen. Seien Sie nicht verwirrt über das, wonach Sie fragen, es ist auch notwendig, dass der Wunsch klar und die Botschaft konstant ist.

Wie geht es weiter?

Bedenke, dass alles um dich herum dein Universum ist und dass du der Schöpfer bist.

Wenn du die Welt mit deinen Händen zeichnen könntest, würdest du auch eine Runde zeichnen. Wenn du es versuchst, wirst du verstehen, woher ich komme! Verbinde die beiden Indexe über deinem Kopf, zeichne dann mit deinen Fingern einen Kreis und sage "meine Welt", und wiederhole ihn mit dem Gefühl der Schöpfung.

Deshalb bist du der Schöpfer deiner Realität, deiner "Welt", und ich möchte dir diese Frage stellen: Was möchtest du in dieser Welt geben? Wie möchten Sie Ihre Umgebung sehen? Wie schätzt du dein Leben?

Sei "der Schöpfer deiner Realität!"

Sehen Sie die Welt wie sie jetzt ist, jeder Mensch und jedes Objekt ist nur ein Spiegelbild Ihrer Wünsche. Sie werden sie nicht direkt ändern können, aber Sie können sie sich noch einmal ansehen.

Wenn Sie zum Beispiel Glück haben möchten, sollten Sie nicht danach fragen, sondern es sich aussuchen und diesen neuen Glauben für einen Monat an Sie verankern. Unabhängig von den äußeren Umständen werden sie im Laufe der Zeit nachlassen. Konzentrieren Sie sich einfach darauf!

Deine Realität, die, die du wählst, ist, dass du Glück hast! Halt die Klappe, lüg dich an und vertraue! Behalte den Glauben".

In Ihrer Realität haben Sie Glück und es wird sich in jedem Moment manifestieren, nur ist es notwendig, die Zyklen des alten Schemas beenden zu lassen. Und ich kann Ihnen versichern, dass es funktioniert! Glaube es fest! Machen Sie es zu Ihrer "Realität", es ist hier und jetzt!

Gedanken müssen authentisch sein

Man darf sich nicht belügen, denn wenn man an ein gewünschtes Ding denkt, ohne die tiefe Überzeugung zu haben, dass es kommen wird, bringt man nichts

Das Ganze ist, dieses Gefühl des Selbstbewusstseins zu erreichen, und dafür muss man seinen Verstand trainieren, um dieses Ziel anzustreben, um an etwas zu denken, das kohärent und wahrscheinlich sein muss (was möglicherweise passieren kann), sein Unterbewusstsein werde es besser akzeptieren. Versuchen Sie daher mit einem sehr kleinen Ziel, in einem Zeitraum von 90 Tagen zu erreichen.

Wenn Sie zu hoch zielen, kann Folgendes passieren: Ihnen wird schwindelig und übel, weil etwas nicht mit Ihrem Unterbewusstsein harmoniert. Sie möchten beispielsweise Millionen von Uros haben und versuchen, den

Mechanismus Ihrer Gedanken zu forcieren Etwas, das nicht mit deinen inneren Gefühlen übereinstimmt, alles, was du ernten wirst, ist Schwindel aufgrund einer Verwechslung von Imaginärem und Realem!

Stellen Sie zunächst den Glauben her, dass das, was ich Ihnen sage, funktioniert, indem Sie kleine Tests mit etwas "Möglichem" durchführen. Ihr Verstand wird dann alle Lösungen finden, die Sie dorthin führen.

Daher ist das Interesse, klein anzufangen, die Idee, die Sie haben (oder haben werden), besser zu assimilieren.

Es ist, als würden Sie in ein klimatisiertes Schwimmbad mit einer Außentemperatur von 40 ° C gehen, in dem die Sonne im vollen Zenit scheint.

Wenn das Wasser Raumtemperatur hat, werden Sie problemlos dorthin gelangen und sogar tauchen. Wenn es jedoch eine Gefriertemperatur hat, riskieren Sie einen Thermoschock.

Wenn Sie andererseits die Wassertemperatur erhöhen oder die Luft abkühlen, wird sie für Ihren Körper erträglicher und passt sich allmählich an.

So funktioniert Ihr Unterbewusstsein, auch wenn es die Idee, die ihm inkohärent erscheint, nicht akzeptiert, ist es möglich, dass er sie in kleinen Dosen akzeptiert.

Um Ihre Ziele zu erreichen, müssen Sie mit Ausreden aufhören und verantwortungsbewusster werden. Jeder hat diese Fähigkeit, wenn wir uns die Mittel geben.

Sei verantwortlich für das, was du denkst!

Wenn Sie sich etwas vorstellen, das für Ihr Unterbewusstsein unwahrscheinlich ist, flüstert es Ihnen zu: "Es ist ein Witz?".

Wenn Sie eine Markenuhr suchen, die für Sie erschwinglich ist, zahlen Sie problemlos mit Ihrem Geld.

In Bezug auf die oben genannte Bandbreite müssen Sie den Preis festlegen, und hier kommt die Rechenschaftspflicht ins Spiel. Können Sie es sich leisten? Dieser kleine Schritt über dir wird für die Fortsetzung notwendig sein und dein Geist wird die Mittel finden, um dir zu helfen, so weit wie möglich dorthin zu gelangen, ohne dich in Schwierigkeiten zu bringen.

Welche Mittel werden Sie verwenden, um es zu erhalten?

Welches Opfer würdest du gerne bringen? Legen Sie Geld beiseite und ignorieren Sie das Überflüssige.

Diese Markenuhr wird in Ihre Realität kommen, weil es Verantwortlichkeit, die Absicht und den authentischen Gedanken geben wird, der flüstert, dass Sie dieses Ding haben können, es ist fast in Ihrer Reichweite, eine weitere Anstrengung und Sie werden es bekommen!

Der Gedanke muss positiv sein

Behalte immer gesunde Gedanken und sage dir, dass du das kannst.

Seien Sie bei der von Ihnen beneideten Markenuhr nicht in ständigem Widerspruch zu sich.

Es ist sicher, dass Sie es nicht bekommen, wenn Sie sich sagen, dass Sie es sich nicht leisten können! Stellen Sie Ihren inneren Plan auf, um dies zu erreichen, und sagen Sie sich, dass es möglich sein wird (und es ist!).

Setzen Sie Ihren inneren Aktionsplan in Kraft, denken Sie daran, dass dies geschehen wird, weil es erschwinglich ist, indem Sie Geld beiseite legen, indem Sie Opfer bringen, Überstunden leisten, im Klartext aus Ihrer Komfortzone herauskommen, andernfalls werden Sie nur von dieser Uhr träumen.

Sie können es tun, sich selbst die Mittel geben, Verantwortung übernehmen und mit dem herumlaufen, was ich als "Leistung" bezeichnen könnte. Seien Sie stolz auf sich selbst!

Dieses einfache Ereignis in Form einer Uhr beweist Ihnen, dass Sie darüber hinausgehen können.

Gedanken müssen neue Wege schaffen, und es liegt an Ihnen, Ihre Gedanken auf das endgültige Ziel zu lenken, indem Sie Schritte einbeziehen und die Brücke zwischen Ihrer gegenwärtigen Realität und der gewünschten bauen! Erstellen Sie Ihren Einrichtungsplan!

Kultur des Positiven

Lernen Sie, gesunde Gedanken zu bewahren, und zwar ohne äußere Einflüsse!

Bewundern Sie die Welt um Sie herum, und alles wird gut, wenn Sie es tun, leben Sie nicht in Angst vor einem Ereignis, es wird sowieso passieren, na und? Das Leben besteht aus Höhen und Tiefen, aber was am Ende zählt, ist der gegenwärtige Moment.

Rückblickend gibt es trotz der negativen Ereignisse eine Sache, an die Sie sich erinnern müssen: Sie sind noch am Leben! Es gibt Zeiten, in denen die Dinge nicht so laufen, wie Sie es möchten, aber das wissen Sie! Diese schlechten Erfahrungen haben Sie motiviert, den Kurs zu ändern, und nach schmerzhaften Ereignissen gab es Momente intensiver Freude.

Also, was auch immer morgen, übermorgen oder in einem Monat passiert, hör auf, Angst zu haben, es erzeugt nur schlechte Vibrationen. Und je mehr Sie die Angst davor sehen, dass etwas passiert, desto mehr ziehen Sie alle Umstände auf sich, die es wahr werden lassen.

Wenn der Mechanismus gestartet wird, kann nichts ihn aufhalten, es ist jedoch möglich, die Auswirkungen abzuschwächen und auf das Positive hinzuweisen. Dafür gebe ich Ihnen jeden Tag einen Satz, den Sie sagen können.

Beachten Sie, dass es mehr Auswirkungen auf

ein Stück Papier hat, das Sie in Ihrer Tasche aufbewahren.

"Heute ist ein guter Tag, das Beste von allem, und morgen wird es immer besser!"

Verwenden Sie diesen Satz so oft Sie wollen, wenn Sie einen Depressionsschub haben und aufgrund äußerer Ereignisse aufgeben möchten, machen Sie für einen Moment eine Abstraktion, die Zeit, um diesen Satz zu sagen, treten Sie einen Schritt zurück und finden Sie Zuflucht in Ihrem Geist und wieder Selbstvertrauen gewinnen!

Das FIDI-Prinzip

Es ist ein Prinzip, das Sie zu einem besseren Leben führen kann, indem Sie alle Blockaden überwinden, die Sie daran hindern, ein besseres Leben zu erreichen, indem Sie Ihr Ziel erreichen.

Woraus besteht es?

Die Initialen FIDI bedeuten "Force",

"Interactions", "Determination" und "Intention or Investment".

Zur Erinnerung, dies sind die gleichen Initialen wie die Rede "F **! I'll Do It!

Um Ihnen mehr Informationen über das FIDI-Prinzip zu geben, werde ich es für Sie zerlegen!

Zuallererst "die Force", die nicht unbedingt mit der körperlichen Verfassung zusammenhängt, es sei denn, Sie wenden sich an eine Karriere als Boxer oder Gewichtheber.

Die wahre Kraft liegt in seinem Herzen und in seinem Kopf, wir können vor allem von emotionaler Kraft sprechen, weil viele mit der Zeit verhärtet sind, die die Strapazen des Lebens am besten ertragen und die mentale Fähigkeit haben, mit allen Schwierigkeiten fertig zu werden mit philosophie, nicht jammern, sondern im gegenteil die prüfungen überwinden können, indem man die positive seite sieht.

Es ist diese Fähigkeit, nicht auf sich selbst zurückzugreifen und alle Ereignisse zu ertragen, ohne sie zu dramatisieren und damit umzugehen.

Wir sind alle auf der gleichen Form aufgebaut. Das, was Ihre innere Stärke verändert hat, sind menschliche Interaktionen und harte Stöße (wie oben erwähnt). Wir haben alle eine innere Kraftreserve, die schlummert.

Und wenn Sie sich lebendig fühlen, sind Sie in der Lage, zu atmen, und Sie können sich in gewisser Weise gegenüber der Außenwelt verhalten, und vor allem können Sie immer aufstehen und Ihr wahres Potenzial zeigen, das in Ihnen wiederkäut.

Die "Force" geht auch über ihre Ängste und Zweifel hinaus, um vorwärts zu gehen, wo der vulgäre Berg "F **" ist.

Vergiss sie "Sie sagen das", tu es selbst, wenn du einen Weg gewählt hast, lass dich von niemandem abweisen! Fangen Sie an und egal was Sie auf Ihrem Rücken sagen. Zumal die drei Viertel nicht den Mut haben werden, das zu tun, was Sie unternommen haben.

Kritiker sind die Antworten der Schwachen! Behalte dies im Kopf!

Also geh mit deinem Herzen und deinem Kopf und nicht mit anderen verglichen!

In Bezug auf "Interaktion" müssen wir uns alle auf den Weg zum Erfolg machen, es sei denn, wir sind wie Karl Lagerfields Katze "Choupette", die das Vermögen seines Meisters geerbt hat, ohne etwas zu fragen und ohne die Absicht, reich zu werden, die einzige Interaktion war nur Miauen, und für Sie wird es selbstverständlich sein, dass Sie noch viel mehr brauchen.

Interaktionen sind nützlich in der Gesellschaft, um sich bekannt zu machen, Freunde oder Seelenverwandte zu treffen oder den Job unserer Träume zu finden.

Stellen Sie sich für einen Moment eine Welt ohne Interaktion vor, nichts würde passieren!

Möchten Sie alles bekommen, was Sie wollen?

Es muss zum Ausdruck gebracht werden, alles kann nicht erraten werden. Sie werden nicht sehen, wie das Mädchen Ihrer Träume zu Ihnen nach Hause kommt, wenn es Sie nicht kennt oder Ihre Absichten nicht kennt oder wenn der Chef einer Firma Sie nicht anruft, es sei denn, es ist eine unglaubliche Kombination von Umständen, für die Sie "Sie" sagen fang morgen an, solange er dich nicht kennt

Der einzige Fall meines Wissens, in dem Sie Menschen ohne Interaktion treffen, ist, wenn Sie Zahlungserinnerungen mit "toten Buchstaben" versehen. Auf dieser Seite werden Sie einen schönen Tag erleben, an dem Sie einen Gerichtsvollzieher landen, und ich bezweifle, dass Sie das sind wirklich wollen, und das bringt dir nur das Negative (das Gegenteil, das du nie getroffen hast).

"Interaktion" ist das "Ich" von "Ich", was "Gehen", "Handeln" oder "Ich" bedeutet. kann auch "die Absicht von" sein.

Was bedeutet dieser Begriff für das "D" der "Determination"? Es bedeutet, an Ihren Ideen festzuhalten und an Ihre Pläne zu glauben.

Du willst Erfolg haben? Hier ist eine der wesentlichen Zutaten, um Herausforderungen zu meistern, trotz des Sturms zu segeln und nicht auf der Straße stehen zu bleiben.

Um Ihnen einige Beispiele für entschlossene Menschen zu nennen: Es gibt Sportler, die angesichts des Schachs nicht aufgeben und die sich ständig perfektionieren wollen, während die Verlorenen in der Wüste versuchen, die Kosten, die sie bis zur Zivilisation kosten, voranzutreiben. oder sogar ich als Schriftsteller, der mein Buch beenden möchte, das das Leben von Tausenden von Menschen verändern kann.

Entschlossenheit ist es, trotz Vorurteilen und

Entmutigungen einen festen Punkt, ein Ziel, zu halten.

Es geht darum, an seine Projekte zu glauben und alles zu versuchen, um sie an ihr Ziel zu führen.

Das "D" von "Do" bedeutet "konsequent handeln, aktiv sein und am Ende bleiben".

Und zum Schluss das letzte "Ich" zum Thema "Investment"

Wie viel investieren Sie in Ihre Projekte? Wie viel Zeit verbringen Sie pro Tag oder pro Woche damit? Es sei denn, Sie gehören zu den velletischen Verschleppern, die Ihre Meinung ständig ändern, sobald Schwierigkeiten auftreten oder wenn Sie das Gefühl haben, dass alles warten kann. Am Ende seines Lebens angekommen, drehen wir uns um und sagen uns: "Was habe ich als Chance im Leben verpasst?"

Und doch ist es einfach zu investieren und voranzukommen (das versichere ich Ihnen ja!)

Indem Sie jeden Tag neue Dinge lernen, Videos zum Thema ansehen, an Kursen teilnehmen oder Bücher zum Thema lesen, die sich mit Ihrem Projekt befassen, sich nur auf denselben Punkt konzentrieren und Ihre ganze Aufmerksamkeit auf diesen Punkt richten, werden Sie besser geschult, ein bisschen mehr Professionel.

Warten Sie nicht, bis die Ergebnisse sofort vorliegen, sondern beglückwünschen Sie sich zu den erzielten Fortschritten.

Denken Sie immer daran, auch wenn es kompliziert erscheint. Seien Sie neugierig und wenn nicht, dann weil Sie nicht ausreichend in Ihr Projekt investiert sind. Es wird Schwierigkeiten geben, Momente der Entmutigung, aber auf keinen Fall aufgeben, denn das würde Ihren Verlust klingen.

Und je weiter du gehst, desto mehr wirst du sehen, wie es wächst, dass die Ideen nacheinander in deinem Geist spezifischer werden. Das Bild, das du haben wirst, wird schärfer, indem du eine Emotion in die Form einbeziehst. Dann wirst du mehrere haben Wahrnehmung einer neuen Realität in Ihrem Geist, diese Verbindung zwischen zwei Welten, an der Grenze zwischen Traum und Realität.

Ihr Projekt ist Ihr Baby, lassen Sie ihn nicht verhungern! Ein Baby kann auch nicht umgetauscht werden, weil es Ihnen nicht gefällt. In diesem Fall bedeutet dies, dass Sie nicht verantwortlich genug sind.

Mit diesen Worten erinnere ich mich an ein Spiel, das Ende der 90er Jahre erschien. Es hieß "Tomagoshi", ein virtuelles Tier, das gefüttert werden musste. Es war wie ein Ei und es war in der Tasche.

Viele Menschen erinnern sich nicht daran, denn das arme virtuelle Tier ist mit Sicherheit zu Hause am Boden eines Schranks gelandet und verhungert.

Ihre Investition ist Ihr "Tomagoshi", Ihr "Baby", und wenn wir etwas wollen, liegt es in unserer Verantwortung und in unserer Verpflichtung, dies zu tun kürzester Weg).

Das "Ich" von "Es" in Englisch symbolisiert das Objekt (das "Es"), möchten Sie es? Also setz dich ein!

Um auf das "FIDI" -Prinzip zu schließen, haben Sie alle Elemente, die Sie benötigen, um voranzukommen, und wenn ein Hindernis auf Sie stößt, sagen Sie "F **, ich werde es tun! Und zweifellos werden mich viele fragen warum ich das Wort "F **" nicht vollständig schreibe, weil es ein Buch für alle Altersgruppen ist.

Kraft der Schöpfung
Versuchen !

Wir werden ein kleines Experiment machen! (Wenn dein Verstand dazu bereit ist!)

Stellen Sie ein Glas Wasser auf den Tisch oder

einen anderen Gegenstand Ihres Alltags! Es wird als Anker mit der realen Welt dienen.

Sehen Sie sich als jemand, der alles hat, was er wollte, konzentrieren Sie sich darauf und gehen Sie alles durch, was Sie wollen.

Wenn Sie zum Beispiel einen Sportwagen wollen, denken Sie nicht über den finanziellen Aspekt nach oder über alles, nur über das Auto, konzentrieren Sie sich, stellen Sie sich die Berührung, die Kälte des Metalls, die Textur des Leders, seine Farbe, alles vor. als ob es dort wäre, ganz in deiner Nähe! Fühlen Sie Ihre Hände am Lenkrad, spüren Sie das neue Innere und in Ihrer Fantasie, entspannen Sie sich darin und spüren Sie alles, was damit zusammenhängt, spüren Sie diese innere Freude?

Ich werde ein Geständnis machen! Was Sie darüber nachgedacht haben, passiert gerade! Das Objekt Ihrer Wünsche existiert irgendwo, nur für Sie, und je mehr Sie sich darauf konzentrieren, desto mehr materialisiert sich das Objekt. Das alles ist ziemlich aufregend.

Glaubst du nicht daran? Das wird also nicht passieren! Und wenn im Grunde ein latenter Zweifel liegt, wird es auch nicht funktionieren! Es ist notwendig, dass Sie alles anziehen, was Sie sich nach einem absoluten Glauben sehnen, ohne zu schummeln oder Hintergedanken, und ich lade Sie ein, sich selbst wirklich zu überzeugen!

Sie werden sich vorstellen, dieses Auto zu besitzen, das irgendwo auf einem Parkplatz geparkt ist, und das Glas Wasser dient dazu, die Verbindung zwischen Ihrer und der Außenwelt herzustellen.

Jetzt schau auf dein Glas Wasser, wenn es echt ist, ist das Auto auch, sag dir das tief in dir! Dann schauen Sie sich mit diesem Sportwagen um, denken Sie an nichts anderes, warum und wie, nur an das, woran Sie denken.

Dann bringen Sie dieses Auto in die Realität und stellen die Verbindung zu einem realen Objekt wie einem Glas Wasser her.

Ich empfehle Ihnen, mehrere Tage an dieses Auto zu denken, sehen Sie, ein Monat, dies ist Teil Ihrer Realität, es existiert irgendwo nur für Sie!

Zuerst ist es ziemlich schwindelerregend, weil dein Verstand in Konflikt geraten wird. Intern lässt dich etwas verstehen, dass alles, was du denkst, falsch ist, während du dir andererseits vorstellst, dass es wahr ist. Aber mit der Zeit werden Sie dank der Wiederholung vollkommen überzeugt sein.

Schieben Sie Ihren Verstand, um Sie zu überzeugen, ohne zu hoffen, dass es passieren wird, oder legen Sie ein Datum fest, sagen Sie einfach, dass es passieren wird! Das bedeutet nicht, dass, wenn Sie an ein Auto denken, es am nächsten Tag klugerweise auf Sie auf dem Parkplatz wartet. Das Universum folgt einem Prozess, der Sie dorthin bringt, indem es die Flugbahn Ihres aktuellen Punkts zum Ziel, die Probleme in, neu justiert Fortschritt wird nicht so aufhören, wir dürfen nicht träumen, aber es ist unerlässlich, den Prozess nicht erneut in

Angriff zu nehmen, indem wir Ihnen sagen: "Ich habe kein Glück!" Es wird niemals funktionieren! "," Ich bin total nutzlos! ", Usw. ... ..

SCHLUSSFOLGERUNG

Wir kommen am Ende dieses Buches an und hoffen, Ihnen viele Elemente der Antworten gegeben zu haben.

Wie ich bereits sagte, wurde dieses Buch im Detail entworfen, wobei es sowohl richtig als auch vollständig ist. Alle Antworten, auf die Sie gewartet haben, sind hier und wenn Sie lernen, alle Prinzipien anzuwenden, werden Sie wunderbare Dinge in Ihrem Leben sehen, wenn Sie anfangen, darüber nachzudenken.

Wie Sie sehen, gibt es nur eine Magie, die in Ihnen ist, sowohl der Schauspieler als auch der Betrachter. Was Sie von sich selbst und anderen denken, hat Ihre Realität geschaffen. Sie sind gleichzeitig der Maurer und der Architekt, zwei Formen von Schöpfern , derjenige, der in deinem Kopf ist und der die Pläne zeichnet, und der andere, der die Materialien festlegt, um die Heimat all deines Schicksals zu bauen. Es ist diese Vorstellung, die auf einmal leicht anzuwenden, aber schwierig zu erklären scheint, weil es

Feinheiten im Universum gibt, aber wenn Sie genau das tun, was in diesem Buch erklärt wird, wird sie sich wie ich materialisieren. Ich sagte am Anfang des Buches.

Nur eine Sache, die nicht alle Autoren in der persönlichen Entwicklung zu Ihnen erwähnt haben, gibt es ein Gegenstück und ich möchte wirklich mit Ihnen darüber sprechen, weil es sehr wichtig ist! Lassen Sie sich nicht ablenken von dem, was sich als Schatten mit grünen Augen, genannt "Shakiman", manifestieren wird. Einer keltischen Legende zufolge wird sie Sie besuchen, wenn Sie sich ausruhen. Es ist der Preis und das Risiko. Habe ich gesagt, dass es sicher ist? Wenn ich vorher mit Ihnen gesprochen hätte, wären Sie immer versucht gewesen, das Geheimnis zu kennen?

Aber es gibt eine Parade, wenn Sie diesen Besuch nicht haben möchten (was Sie etwas schockieren könnte), nehmen Sie etwas, das als Schachtel dient, und legen Sie einen wertvollen Gegenstand hinein, den, den Sie am meisten interessieren! Ein Ring zum Beispiel reicht aus! Es ist eine Form des Opfers deines alten Lebens, dann schließe es vor Mitternacht!

Wenn Sie am nächsten Tag zur gleichen Zeit öffnen, werden Sie etwas Merkwürdiges entdecken, das von Ihnen hinterlegte Objekt wird fehlen, es wird jedoch eine Notiz angezeigt, auf der etwas ziemlich Störendes vermerkt wird!

Möchten Sie wissen, was drauf ist? Ich hoffe, Sie haben ein gutes Herz, denn einige haben Mühe, sich zu erholen!

Ich sage es dir trotzdem, sagte er, "Glaubst du aufrichtig, dass dir im Schlaf ein grünäugiger Schatten erscheint?», Hattest du recht? (Dass er den Autor neckt!)

Sei versichert! Er hat rote Augen! (Ich mache immer noch Witze!), Aber wenn Sie genau das tun, was in diesem Buch gesagt wird (außer der Geschichte von der Kiste und dem grünäugigen Schatten ein paar Zeilen darüber), wird dies passieren, seien Sie sicher!

Auf jeden Fall wünsche ich Ihnen allen, dass Sie mit diesem Buch alles schaffen, was Sie in Ihrem Kampf tun, und nicht vergessen! Du bist der einzige Schöpfer deiner Realität! Und wie Walt Disney sagte: "Wenn Sie sich vorstellen können, können Sie es realisieren!"

freundlich von dir

Yoann MERITZA

LESEVORSCHLÄGE

BOD EDITIONEN

- GARANTIERTER ERFOLG
Yoann MERITZA

- WIE MAN IHR UNTERBEWUSSTES VERSTÄNDNIS UMPROGRAMMIERT?
Yoann MERITZA

UN MONDE DIFFERENT

— RÉUSSITE MAXIMUM
Max PICCININI

— CONFIANCE ILLIMITÉE
Franck NICOLAS

— GESETZ DER ANZIEHUNG
Michael J. LOSIER

- DAS GEHEIMNIS
Rhonda BYRNE

BELIVEAU EDITIONEN

— 7 WESENTLICHE BESTANDTEILE, UM DAS GESETZ DER ATTRAKTION ZU MEISTERN
Jack CANFIELD – Mark Victor HANSEN – Jeanna GABELLINI – Eva GREGORY

POCHE MARABOUT

— DIE COUÉ-METHODE
Emile COUE

— DIE MACHT DES POSITIVEN DENKENS
Norman Vincent PEAL

MACRO EDITIONEN

- SIE SIND REICH GEBOREN
Bob PROCTOR

FIRST EDITIONEN

- DAS KLEINE BUCH DES ATTRAKTIONSRECHTS

Slavica BOGDANOV

HIDDEN TREASURE EDITIONEN

- DIE GEHEIMNISSE EINES MILLIONÄREN GEISTES
T Harv EKER

J'AI LU

— DER GEHEIMNISCODE IHRES SCHICKSALS
James HILMAN

— BEENDEN SIE IHR SCHICKSAL
Wayne W. DYER

— WANN MÖCHTEN WIR KÖNNEN!
Normann Vincent PEAL

— WIE KANN IHR LEBEN ERREICHT WERDEN?
Dr Josephe MURPHY

— WIE NUTZEN SIE DIE KRAFT IHRES UNTERBEWUSSTEN?

Dr Joseph MURPHY

— DIE KRAFT DES WILLENS
Paul-Clément JAGOT

— DAS SPIEL DES LEBENS
Florence Scovel SHINN

— IHRE WORTE SIND EIN MAGISCHER STAB
Florence Scovel SHINN

— DENKE UND WERDE REICH
Napoléon HILL

— GEHEIMNISSE DER KOMMUNIKATION
Richard BANDLER & John GRINDER

— WERDEN SIE MENTALIST
Bastien BRICOUT

THE POCKET BOOK

— WIE MAN FREUNDE FINDET
Dale CARNEGIE

— WIE MAN IN DER ÖFFENTLICHKEIT SPRICHT
Dale CARNEGIE

ASKA EDITIONEN

— DEN TEUFEL AUSTRICKSEN
Napoléon HILL

- « FOR DUMMIES » EDITIONEN

- DAS ATTRAKTIONSRECHT FÜR DUMMIES
Slavica BOGDANOV

ADA EDITIONEN

— GEHEIMNISSE DES ERFOLGS
Sandra Anne TAYLOR

- ZIEHEN SIE AN, WAS SIE WOLLEN
Mélodie FLETCHER

BUSSIERE EDITIONEN

— DIE GEHEIME TÜR, DIE ZUM ERFOLG FÜHRT
Florence Scovel SHINN